中国华电
CHINA HUADIAN
CORPORATION

FENGDIAN QIYE
7S GUANLI GUIFAN

U0662126

7S 风电企业管理规范

中国华电集团公司宁夏公司 编

中国电力出版社
CHINA ELECTRIC POWER PRESS

图书在版编目（CIP）数据

风电企业 7S 管理规范 / 中国华电集团公司宁夏公司编. —北京：中国电力出版社，2017.3（2018.2重印）

ISBN 978-7-5198-0293-6

Ⅰ．①风…　Ⅱ．①中…　Ⅲ．①风力发电－电力工业－工业企业管理－管理规范－中国　Ⅳ．① F426.61-65

中国版本图书馆 CIP 数据核字（2017）第 009563 号

出版发行：中国电力出版社

地　　址：北京市东城区北京站西街 19 号（邮政编码 100005）

网　　址：http://www.cepp.sgcc.com.cn

责任编辑：杨伟国　娄雪芳（010-63412375）

责任校对：马　宁

装帧设计：王英磊　赵姗姗

责任印制：蔺义舟

印　　刷：北京九天众诚印刷有限公司

版　　次：2017 年 3 月第一版

印　　次：2018 年 2 月北京第二次印刷

开　　本：787 毫米×1092 毫米　16 开本

印　　张：16

字　　数：318 千字

定　　价：120.00 元

编 委 会

本书为中国华电集团公司《发电企业 7S 管理》配套用书，目的是为了提高风电企业 7S 管理推行效率，减少摸索过程，力争做到"拿来即用、用之有效"，是风电企业推行 7S 管理的重要工具书、参考书。

本书是在参考借鉴推行 7S 管理的华电国际宁夏新能源发电有限公司好的经验和做法的基础上，按照通用性、可操作性的原则，编写了风电企业通用规范、专项规范、标志安装规范等，并系统、翔实地介绍了风电企业推行方法、推进精益工具、检查评比及其常态化管理等内容。书中大量引用了 7S 管理过程中典型案例，包含诸多制度、表格、图片和实战范本，文字简明扼要、通俗易懂。有利于风电企业在 7S 推行过程中更好地把握重点、解决难点、消除盲点，具有十分鲜明的管理特色，风电企业可参照本书，结合企业实际，制定相关标准和制度。

本书自 2016 年 8 月开始，历时 2 个月编写完成。本书中的图片等资料全部来源于华电国际宁夏新能源发电有限公司。

希望本书的出版能对风电企业 7S 管理工作的开展起到积极有效的推动作用。另外，由于时间仓促、水平有限，书中问题和不足在所难免，恳请广大读者提出宝贵意见，使之不断完善。

编者

2016 年 10 月

1 范围

本规范规定了华电国际电力股份有限公司下属风电企业 7S 管理通用设备规范。

本规范适用于华电国际电力股份有限公司下属风电企业 7S 管理的推进及持续改善。

2 规范性引用文件

下列文件中的条款通过本规范的引用而成为本规范的条款。凡是标注日期的引用文件，其随后所有的修改单（不包括勘误的内容）或修订版均不适用于本规范；凡是不标注日期的引用文件，其最新版本适用于本标准。

中国华电集团公司《发电企业 7S 管理》

中国华电集团公司《发电企业 7S 管理技术规范与制度汇编》

3 通用规范

3.1 线型部分

序号	名称	示范	线型	宽度	用途
1	红色		实线	50mm	待修理品、不良品或废品、危险区域
				20mm	容量警戒线
2	黄色		实线	100mm	大型设备、主通道、厂区交通、楼梯、人行通道
				50mm	辅助通道、仓库主道、货架、一般物品、可移动物品、清扫工具
3	黄色		实线/左倾 45°	100mm	生产现场消防设施的定位、电气盘柜前、厂区交通道路减速提示等
4	黄黑相间		实线/左倾 45°	100mm	安全警示区、沟盖板、楼梯口、人行通道
5	绿色		实线	100mm	生产区域安全通道、专用通道

3.2 画线部分

3.2.1 通道、区域划分

颜色	线宽（A）	适用范围
黄色	50~100mm	大型设备、主通道、厂区交通道路
黄色	50mm	辅助通道、仓库通道、货架、一般物品、可移动物品、清扫工具等
红色	50mm	待修理品、不良品或废品、危险区域
绿色	50mm	合格品

特别说明：

大区域：大型设备区域和大型生产区域及大型仓库的主通道线使用 100mm 的线宽。

小区域：中小型设备区域划分及次通道、中小型仓库和小型房间的主通道线使用 50mm 的线宽。

地面分区线：黄色虚线区域为一般物品及功能不确定区，绿色区域为合格品区，红色区域为待修品、不良品或废品区

参考示例

3.2.2　绿色通道

	颜色	线宽（A）	适用范围
图例 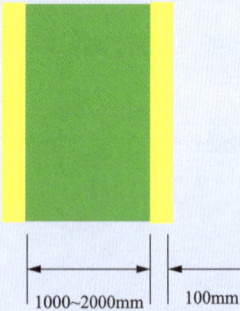	绿色	1000～2000mm	生产区域安全通道、专用通道、大型仓库的主通道
	黄色	70～100mm	绿色通道区域两侧

说明：绿色通道宽度 1000～2000mm，刷绿色油漆覆盖，或敷设绿色防滑橡胶垫。通道两边划宽度为 70～100mm 的黄色边线

参考示例

3.2.3 禁阻线

图例	颜色	线宽（A）	适用范围
100mm	黄色隔间	100mm	消防设施的定位、电气盘柜前、厂区交通道路减速提示等

说明：1. 划线左倾45°，特殊情况可根据情况调整线宽和间隔宽度。
      2. 电气盘柜和消防柜前条纹区域以不阻挡打开门为区域基准。
      3. 整体长度以设备设施的宽度为准，宽度800mm，也可根据实际微调

参考示例

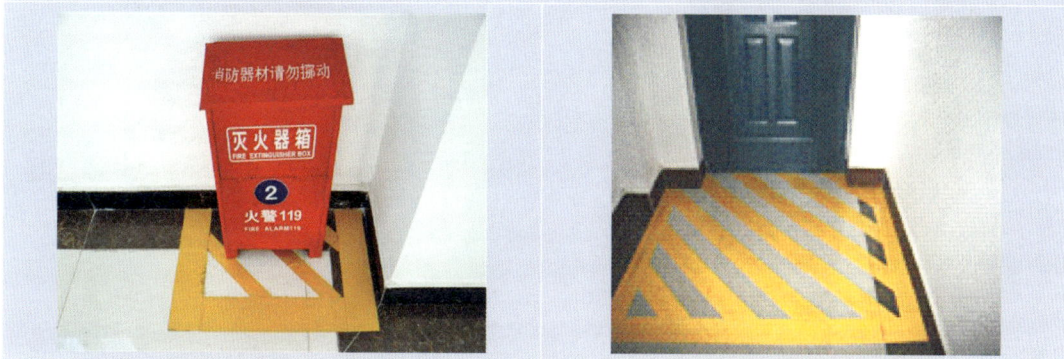

3.2.4 安全警示线

图例	颜色	线宽（A）	适用范围
100mm	黄黑相间	100mm	盖板、安全警示区、楼梯口人行通道防磕碰、防绊、防小动物板

说明：1. 黄黑相间斑马线，条纹间隔为100mm，同方向保证条纹方向一致。
      2. 防止碰头线标注在人行通道高度不足1.8m的障碍物上。
      3. 防绊跤线标注在人行通道地面上高差超过300mm以上的管线或其他障碍物上

参考示例

3.2.5　防踏空线（黄色实线）

图例	颜色	线宽（A）	适用范围
	黄色	50～150mm	楼梯第一级台阶和最后一级台阶

说明：1. 防止踏空线标注在人行通道高度差 300mm 以上的边缘上。
　　　2. 防止踏空线标注在楼梯的第一个和最后一个台阶上。
　　　3. 使用荧光油漆或者高级黄色防滑荧光地贴胶

参考示例

3.2.6　设备安全警戒线（实线框定位）

图例	颜色	线宽（A）	适用范围
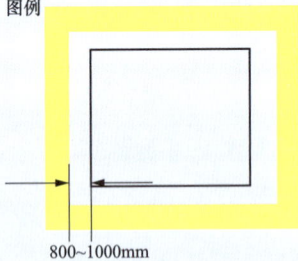	黄色	100mm	大型设备安全警戒线
	黄色	50mm	中小型设备安全警戒线

说明：1. 高压带电周围（距离为 1000mm）。
　　　2. 落地安装的转动机械周围（距离为 800mm）。
　　　3. 控制盘（台）前（800mm）。
　　　4. 配电盘（屏）前（800mm）。
　　　5. 特殊情况下可以根据现场设备的实际情况进行以上尺寸的调整

参考示例

3.2.7 物品定位 （四角定位）

	颜色	线宽（A）	适用范围
图例	黄色	100mm	大型设备
	黄色	20～50mm	中小型设备

说明：1. 此定位方式比较适用于小于 1000mm×1000mm，大于 400mm×400mm 的物品定位。
　　　2. 物品投影面与定位线间隔 10～20mm 左右的距离，角边长度为 60～200mm。
　　　3. 根据情况也可以选择别的颜色线进行定位，如：蓝色、绿色。
　　　4. 用胶带定位的，四角可做圆弧倒角，防止易磨损

参考示例

3.2.8 物品定位 （实线框定位）

	颜色	线宽（A）	适用范围
图例	黄色	50mm	一般物品定位：货架、一般物品、可移动物品、清扫工具、泵等
	黄色	20mm	桌面上或操作台上物品定位

说明：1. 此定位方式比较适合大于 1000mm×1000mm 或小于 400mm×400mm 的物品定位。
　　　2. 物品的投影面与定位线间隔 10mm 左右的距离。
　　　3. 用胶带定位的，四角可做圆弧倒角，防止易磨损

参考示例

3.2.9　可移动物品定位

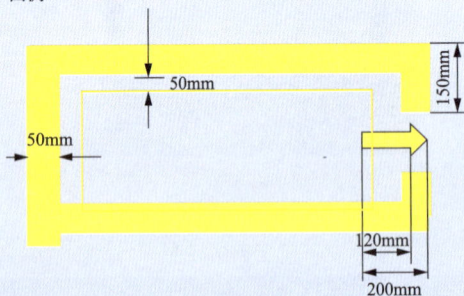

	颜色	线宽（A）	适用范围
图例	黄色	50mm	工具车、轮式移动架、液压拉车、叉车等可移动的物品或设备

说明：应用于有轮子的物品、货架、小车等

参考示例

3.2.10 接地系统

图例	颜色	线宽 (A)	适用范围
100mm / 100mm	黄绿色	100mm	适用于所有接地系统。例如：接地隔离开关、接地扁铁

说明：1. 接地隔离开关操作把手设置黄绿相间警示，高度 400mm。
  2. 接地扁铁除触头全部设置黄绿相间警示

参考示例

3.3 通用部分

3.3.1 通用标志

区域/7S 要素	7S 要求	实施级别	参考图例
1 盘柜	1. 盘眉干净整洁，盘眉文字内容与盘柜对应正确，字迹工整醒目。盘眉高度为 80mm，颜色为白底红字，材质为车贴，字体为宋体，字体大小为 70。 2. 柜门左上角贴"设备主人"标签。 3. 盘柜四周应设有黄色警示线，线宽 100mm，高压配电柜警示线应距离盘柜 800mm 处设置安全警戒线，不足 800mm 按现场实际确定。 4. 盘柜干净无尘，无油渍，无蛛网。 5. 盘柜的漆层完整无损伤。 6. 盘柜及盘柜内的设备与构件之间应连接牢固。 7. 盘柜的正面及背面各电气设备、端子排等应标明编号、名称、用途及操作位置，其标明的字迹应清晰工整，且不易褪色。	强制	

区域/7S要素	7S要求	实施级别	参考图例
1 盘柜	8. 端子箱牢固，封闭良好、无尘，排列整齐。 9. 端子排无损坏，固定牢固，绝缘良好，端子有序号，便于更换且接线方便。 10. 抽屉式配电柜推拉应灵活轻便，无卡阻、碰撞现象。 11. 手车式柜防止电气误操作的"五防"装置齐全。 12. 柜内照明齐全。 13. 柜门正常应关好，开启装置完好。 14. 盘柜正面左上角和维护面正中粘贴作业指导书	强制	
2 管道	1. 消防管道用红色，进水管道为天蓝色，出水管道为深绿色，排油管道为黄色，排污管道为黑色。 2. 管道表面干净、无污渍。 3. 管道上应有介质流向和管道名称，箭头颜色为白色，材质为车贴，箭头大小根据管道实际尺寸确定，同一区域箭头大小要统一。 4. 管路外观完整，部件完好无缺损。 5. 管路、阀门、法兰无跑冒现象，设备无缺陷	强制	
3 阀门	1. 设备外观完整，部件完好无缺损、无污渍。 2. 设备无跑冒滴漏现象，设备无缺陷。 3. 设备表面无积灰、油渍，设备见本色。 4. 操作手轮上有指示方向的标示。 5. 阀门标牌尺寸为70mm×80mm，标识清晰、齐全、准确，采用双重名称。 6. 标牌使用牢固的卡扣安装	强制	

区域/7S要素	7S要求	实施级别	参考图例
4 盖板	1. 盖板干净整洁，无破损。 2. 盖板上刷黄黑相间的油漆线，线宽100mm。 3. 盖板应注明名称并统一编号，方便维护管理。 4. 吊物孔盖板应在明显位置标明载荷。 5. 移动盖板应设置警示语、围栏	强制	
5 楼梯及栏杆	1. 楼梯等所有可能存在高处坠落的区域都应设有安全栏杆。 2. 栏杆用黄色油漆涂刷完整，无褪色（不锈钢材质不刷油漆）。 3. 楼梯第一阶和最末阶边缘处标注防止踏空线，颜色为黄色，线宽100mm。 4. 楼梯中间台阶可粘贴安全和7S管理等标语	强制	
6 设备基础	1. 设备基础应平整，无凹陷或凸起。 2. 同一区域内基础颜色应统一	强制	
7 地面	1. 地面干净，无垃圾，无污水，无随意摆放物品。 2. 地面平整、无破损。 3. 地面有50mm高度落差时，应设置防止踏空线和防绊线，颜色为黄色，线宽100mm，并在明显位置粘贴"防止踏空"标识	强制	
8 墙面	1. 无蛛网、灰尘。 2. 无受潮、发霉、脱落、破损。 3. 无乱贴、乱挂、乱画	强制	

区域/7S 要素	7S 要求	实施级别	参考图例
9 天花板	1. 无蜘蛛网、灰尘。 2. 无受潮、发霉、脱落、破损	强制	
10 窗户	1. 窗户及纱窗无灰尘，无污渍，无破损。 2. 窗台禁止放无关杂物。 3. 窗帘无污渍，无破损，定期清洗。 4. 窗户开关正常	强制	
11 照明	1. 照明充足，无死角，照明灯具无损坏。 2. 照明设备无电气部件裸露，灯罩无积尘、飞虫	强制	
12 开关、插座	1. 电灯开关能正常使用，每个开关上标示控制电灯的区域，禁止标注"开""关"字样。 2. 开关标签采用白色标签带制作，标签带宽度根据开关宽度确定，字体为宋体、黑色字。 3. 开关上方粘贴"请随手关灯"标签，材质与开关标签相同。 4. 插座固定牢固，能正常使用，每个插座粘贴电压等级标示	强制	
13 电源控制箱	1. 控制箱盖完好无损，无不必要张贴物。 2. 空开下粘贴空开名称标签，名称与控制区域对应，标签宽度为10mm，蓝色。字体为宋体，黑色。	强制	
	3. 控制箱标签包括编号、控制区域名称和上级控制箱编号，字迹工整醒目。标签宽度为80mm，长度与控制箱等长，颜色为"华电蓝"	指导	

区域/7S 要素	7S 要求	实施级别	参考图例
14 接地装置	1. 接地装置按要求刷接地装置警示线。 2. 采用宽度相等的黄绿相间条纹。色带宽度 50mm，高度从地面往上 600mm，条纹倾角为 45°。接地扁铁长度不足 600mm 时，除预留的接地电阻测试的裸露部分外，其余部分全部刷漆。 3. 接地端标示清晰整洁，无积灰、污渍	强制	
15 表计			
15.1 指针式表计	1. 保持表计外观整洁，读数刻度清晰，无积灰、污渍。 2. 表计测量区间目视化，绿色标示正常，黄色标示警告，红色标示故障。 3. 表计色环大小适当，不遮挡数值刻度。 4. 检验合格证张贴在调零处，不能遮挡量程或读数，且合格证在有效期内	强制	
15.2 数字式表计	1. 保持表计外观整洁，读数清晰，无乱码，无积灰、污渍。 2. 表面张贴检验合格证，不能遮挡读数，且合格证在有效期内	强制	
15.3 电测表计	1. 保持表计外观整洁，读数刻度清晰，无积灰、污渍。 2. 表面张贴检验合格证，不能遮挡读数和量程，且合格证在有效期内	强制	

区域/7S要素	7S要求	实施级别	参考图例
16 消防器材			
16.1 消防点检标示	1. 灭火器标志牌 500mm×200mm（长×高）。 2. 灭火器点检牌 500mm×400mm（长×高）。 3. 标志牌、点检牌悬挂在灭火器上方。 4. 定期对消缺器材进行检查。 5. 泡沫灭火器身上应标志"不适用电火"字样，定期对消防器材进行检查	强制	
16.2 灭火器防护	1. 在室外摆放的灭火器，应摆放在灭火器箱内，无灭火器箱的应装设防护罩（带"灭火器"字样），以防止灭火器喷管老化。 2. 灭火器摆放处地面平整、灭火器摆放整齐	强制	
16.3 消防沙箱	1. 消防沙箱统一编号，配备消防锹、消防桶。 2. 消防沙箱须配备盖板，盖板上方喷涂编号。编号大小为直径 100mm 的圆，颜色为蓝色	强制	

续表

区域/7S 要素	7S 要求	实施级别	参考图例
16.4 定位标识	灭火器或灭火器箱要定制摆放，绘制定制线。线条颜色为黄色，宽度 100mm，倾角 45°	强制	

3.3.2 设施安全标志

名称及图形符号	标志类别	配置规范
1 母线标志牌 **母线标志牌**	电气设备	标志牌分别置于两端门形构架中部，面向母线方向
2 变压器（电抗器等）标志牌 **1号主变压器**	电气设备	1. 标明设备名称、编号。 2. 安装固定于变压器起身中部，面向主巡回检查路线。 3. 单相变压器每相应安装标志牌并注明名称、编号、相别。 4. 线路电抗器每相应安装标志牌并注明线路电压等级、名称及相别
断路器标志牌 **3号主变压器35kV侧303断路器**	电气设备	1. 标明设备名称、编号。 2. 安装固定于断路操作机构箱上醒目处。 3. 分相操作的断路器标志牌安装在每相操作机构箱上方醒目处，并标明相别

名称及图形符号	标志类别	配置规范
隔离开关标志牌 **35kV杨风四Ⅰ线** **341隔离开关**	电气设备	1. 标明设备名称、编号。 2. 手动操作型隔离开关安装于隔离开关操作机构上方100mm处。 3. 电动操作型隔离开关安装于操作机构箱门醒目处
3 电流、电压互感器，避雷器，耦合电容器等标志牌 **110kV彩-风线** **避雷器B相**	电气设备	1. 标明设备名称、编号、相别。 2. 安装在单支架上的设备，标志牌还应标明相别，安装于离地面1.5m处面向主巡回检查路线。 3. 三项共支架设备，安装于支架衡横量醒目处，面向主巡回检查线路。 4. 落地点安装加独立遮拦的设备（避雷器、电抗器、电容器、所用电压器、专用变压器等），标志牌安装在设备围栏中部，距地面1.5m，面向主巡回检查线路
4 控制箱、端子箱标志牌 **3号主变压器35kV侧** **303-3隔离开关机构箱**	电气设备	1. 标明间隔或设备名称、编号。 2. 安装于控制箱门、端子箱门上方醒目处
5 接地开关标志牌 **3号主变压器35kV侧** **3303-1接地开关**	电气设备	1. 标明设备使用名称和编号。 2. 安装于接地开关操作机构上方100mm处。 3. 标志牌应面向操作人员
6 室内配电装置标志牌 **35kV出线ⅠA** **311断路器**	电气设备	1. 手车式开关柜标志 间隔的名称、编号安装于柜前，柜后下柜门的上部。 2. 成套开关柜标志 间隔名称编号安装于柜前上柜门和柜后门。 3. 敞开式设备 间隔名称编号安装于柜前上柜门和柜后门，隔离开关的名称编号安装于操作机构的上方，间隔名称、编号安装于控制箱门上。 4. 间隔式设备 间隔名称、编号安装于遮拦的中部，隔离开关名称、编号安装于操作机构旁

名称及图形符号	标志类别	配置规范
7 控制、保护、直流等盘柜标志 1号主变压器保护器	电气设备	标明设备名称、编号、相别
8 线路名称、杆号及色标标志牌 35kV杨风六C线 44号塔	电力线路（电缆）标志牌	1. 线路每基杆塔需悬挂线路名称、杆牌号。 2. 相邻近（100m 以内）平行线路及线段的每基杆塔，交叉跨越线路交叉点两侧（各两基）杆塔需悬挂线路名称、杆号及色标牌。 3. 跨越公路的两侧杆塔上，面向公路 110kV 及以上电压等级线路悬挂高度距地面 5～12m，110kV 以下距地面高度不低于 2.5m，面向巡检线路。 4. 对同杆架设的多条线路，可采用带色标志牌以便于区别
9 线路（母线）相位标志牌 A B C	电力线路（电缆）标志牌	1. 起始杆塔每相。 2. 终端杆塔每相。 3. 换位杆塔及其前后第一基杆塔每相。 4. 导线悬挂点的左旁或右旁。 5. 线路相位标志牌悬挂在龙门架醒目处，至少两端各挂一个。 6. 母线相位标志牌悬挂在母联分段两端，中间有龙门
10 控制箱、电缆线路标志牌（桩） $L_1×L$ 电缆 02 线 H_1 H_2 $L×L$ 前面 10kV赛乌6671线 自：赛罕坝 至：乌丹	电力线路（电缆）标志牌	1. 应标明电缆线路电压等级、线路名称、电缆型号、规格及终点（并联使用的电缆应有顺序号）。 2. 装设在电缆终端头处。 3. 直埋电缆在直线段每项隔 100m 处，电缆接头处应设置明显的标桩。 4. 标桩采用方柱石质材料，埋深 250mm，地上应保持 150mm（可根据地质情况增加标注地下埋深部分和相应柱高）。 5. 标桩采用两个圈刻字（字深 1mm），穿越城墙直埋电缆，根据地面情况，标桩的设置可适当向四周延伸，但应能适用地下电缆的需要可采用标明

名称及图形符号	标志类别	配置规范
11 电力、电缆标志牌	电力线路（电缆）标志牌	固定于电缆两端部分
12 控制及普通电缆标志牌	电力线路（电缆）标志牌	固定于电缆两端部分
13 主要辅助设备的标志牌 1号消防水泵	辅助设备	标明主要辅助设备的名称和编号
14 主要辅助设备控制箱的标志牌 1号消防水泵控制箱	辅助设备	标明主要辅助设备的名称和编号
15 阀门标志牌 F031 1号生活水泵出口门 1号消防水手动门开	阀门及其他	1. 标明阀门名称、编号和开启、关闭操作方向。 2. 圆形手轮直径大于400mm，可采用圆形标志牌安装固定于手轮中部。 3. 手轮直径小于400mm或非圆形操作手柄，可采用圆形标志牌手轮转动方向固定于手轮中部，采用带三角顶部矩形标志牌，安装于阀体联接支架处配合使用。 4. 带三角顶部矩形标志方式可为两种选择： （1）三角部分涂介质颜色以表示该阀门所处的管道系统，矩形方块内应注明设备名称及编号； （2）三角部分标注项目编号，矩形方框内标注阀门名称及编号

续表

名称及图形符号	标志类别	配置规范
16 转动设备及转动方向	阀门及其他	1. 标明在转动设备的壳体上。 2. 标注在靠背轮的防护罩上
17 管道着色介质流向及名称 供热　1号生活水　1号消防水	阀门及其他	1. 各类管道应按照规定着色和设置色环标志。 2. 色环及介质流向应标注在管道弯头、穿墙处及管道密集、难以辨别的位置，其位置应在距弯头至少500mm的直管段上；如两个弯头相距不够1000mm时则应选择中间位置；10m以上的长管道每10m标一次色环、介质及名称。 3. 在管道的色环、介质流向及名称相对尺寸见图，当介质流向有两种可能时，应标出两个方向的指示

风机标志配置规范	标志类别	配置规范
1 风机标志 C06	风机设备	标志牌置于塔筒门正上方
2 风机发电机、齿轮箱、配电柜、控制箱、端子箱等标志 400V电源控制柜	风机设备	1. 标明设备名称、编号。 2. 安装固定于设备正面中部，面向巡回检查路线
3 风机变频器控制柜、变频器功率柜、风机控制柜等标志 C06变频器控制柜	风机设备	1. 标明设备名称。 2. 安装固定于设备顶部正中

续表

风机标志配置规范	标志类别	配置规范
4 警告标志	风机设备	布置在风机塔筒表面及风机内部的配电柜、塔筒、各层平台、机舱等部位
5 风机定检安全风险提示卡	风机设备	贴在设备正面或者附近塔筒便于指导工作
6 风机吊装安全风险提示卡	风机设备	贴在设备正面或者附近塔筒便于指导工作
7 设备巡检作业指导书	风机设备	贴在设备正面或者附近塔筒便于指导工作
8 风机设备维护作业指导书	风机设备	贴在设备正面或者附近塔筒便于指导工作
9 风机设备定检作业指导书	风机设备	贴在设备正面或者附近塔筒便于指导工作
10 风机安全标志综合标志牌	风机设备	贴在设备正面或者附近塔筒便于指导工作
11 爬梯助理器、机舱小吊车等安全操作规程	风机设备	贴在设备正面或者附近塔筒便于指导工作

3.3.3 公共区域安全标志

序号	名称	尺寸（mm）	材料	安装位置
1	指路标牌	2000×420	不锈钢	
2	玻璃门防撞条	色宽带100，离地100	0.25mm Lexan 8B35 自粘贴	
3	防踏空线	100×150	黄色反光膜自粘贴	
4	小心台阶	150×300	0.25mm Lexan 8B35 自粘贴	

序号	名称	尺寸（mm）	材料	安装位置
5	科室牌	150×320	PVC 自粘贴	
6	意见箱	350×250	采用冷板材质，图文标志采用烤漆、丝印	
7	室内导向吊牌	3000×1600	铝板，PVC 自粘贴	
8	公共指标牌	250×450；150×450；离地 1200	PVC 自粘贴	
9	室内垃圾桶	920×300×300	电解板，烤漆丝印	

序号	名称	尺寸（mm）	材料	安装位置
10	户外垃圾桶	900×830×300	电解板，烤漆丝印	
11	风机正常复位操作指南	900×600，离地1200	双层有机玻璃（厚度5＋3），高清喷绘	
12	电源插座、网线插座	150×600	0.25mm Lexan 8B35 自粘贴	
13	照明开关请随手关灯	40×80	0.25mm Lexan 8B35 自粘贴	

3.3.4　安全文化标志

序号	名称	尺寸 mm	材料	安装位置
1	室外宣传栏	2200×3000	不锈钢切割折弯成形焊接，图文写真，顶部覆盖阳光板，预埋安装	

续表

序号	名称	尺寸 mm	材料	安装位置
2	贴墙式宣传栏	1200×3500	框架材料为不锈钢，内容部分为室外高清喷绘	
3	企业文化宣传栏	1200×2500	双层有机玻璃（厚度5+3）高清喷绘	
4	安全文化宣传栏	900×600，离地1200	双层有机玻璃（厚度5+3），高清喷绘	
5	安全文化宣传展板	900×600，离地1200	双层有机玻璃（厚度5+3），高清喷绘	
6	安全文化宣传栏	900×600，离地1200	双层有机玻璃（厚度5+3），高清喷绘	
7	安全生产十条禁令	900×600，离地1200	双层有机玻璃（厚度5+3），高清喷绘	

序号	名称	尺寸 mm	材料	安装位置
8	安全生产九项规定	900×600，离地1200	双层有机玻璃（厚度5+3），高清喷绘	
9	安全事故应急处置流程图	900×600，离地1200	双层有机玻璃（厚度5+3），高清喷绘	
10	安全防护用品佩戴示意图	1200×1200	框架材料为不锈钢，内容部分为室外高清喷绘	
11	一票两卡：风机定检作业安全风险提示卡	900×600，离地1200	0.25mm Lexan 8B35 自粘贴	

序号	名称	尺寸 mm	材料	安装位置
12	一票两卡：风机设备吊装作业安全风险提示卡	900×600	框架材料为不锈钢，内容部分为室外高清喷绘	
13	一票两卡：风机设备吊装作业安全风险提示卡	900×600	框架材料为不锈钢，内容部分为室外高清喷绘	
14	、 安全教育室	现场配置 根据具体情况进行调整	电视机、VCD、安全警示牌、现场紧急救护宣传栏等 根据具体情况进行调整	

3.3.5 安全型班组标志

序号	名称	尺寸（mm）	材料	安装位置
1	科室牌	150×320	PVC自粘贴	
2	集控室内生产目标计划	900×600，离地1200	双层有机玻璃（厚度5+3），高清喷绘	
3	班组园地	1200×2400，离地1000	双层有机玻璃（厚度5+3），高清喷绘	
4	管理制度标示牌	900×1600，离地1200	双层有机玻璃（厚度5+3），高清喷绘	
5	风机正常复位操作指南	900×600，离地1200	双层有机玻璃（厚度5+3），高清喷绘	

续表

序号	名称	尺寸（mm）	材料	安装位置
6	风机位置示意图	900×1200	双层有机玻璃（厚度 5＋3），高清喷绘	
7	集控室控制台警戒线	线宽 100	黄色反光膜自粘贴	
8	电源插座、网线插座	150×600	0.25mm Lexan 8B35 自粘贴	
9	工器具柜标示牌	高 60，宽度同柜宽	PVC 自粘贴	
10	工器具柜功能分区	60×100	0.25mm Lexan 8B35 自粘贴	
11	工器具小室名称	宽 12	标签带	

序号	名称	尺寸（mm）	材料	安装位置
12	文件柜责任人	500×800	0.25mm Lexan 8B35 自粘贴	
13	文件柜档案盒	单个320×240	塑料	
14	工器具柜功能分区	60×100	0.25mm Lexan 8B35 自粘贴	
15	抽屉功能分区	宽12	标签带	
16	消防疏散图	320×400	0.25mm Lexan 8B35 自粘贴	
17	平面定置图	320×400	双层有机玻璃（厚度5＋3），高清喷绘	

续表

序号	名称	尺寸（mm）	材料	安装位置
18	"未经许可不得入内"标识牌	400×320（禁止乙类）	0.25mm Lexan 8B35 自粘贴	
19	"禁止烟火"标识牌	400×320（禁止乙类）	0.25mm Lexan 8B35 自粘贴	
20	物资领用流程图、物资入库流程图	900×600	双层有机玻璃（厚度5＋3），高清喷绘	
21	仓库防火管理制度、仓库卫生管理制度、仓库交接班管理制度、仓库出入库管理制度、仓库物资验收管理制度	900×600	双层有机玻璃（厚度5＋3），高清喷绘	
22	仓库地面功能区划分	长75.2cm 宽55.3cm	1.5mm胶垫	
23	货架分类定位牌	800×600	双层有机玻璃（厚度5＋3），高清喷绘	

序号	名称	尺寸（mm）	材料	安装位置
24	工具挂架标志	24×60	标签带	
25	货架分层标志	45×70	PVC	
26	货架分区标志	90×1200	PVC	
27	工具架标志	35×70	标签带	

3.4　制图部分

3.4.1　升压站设施标志

一、母线标志牌

（1）母线标志牌的制图标准，如图 3-1 所示。

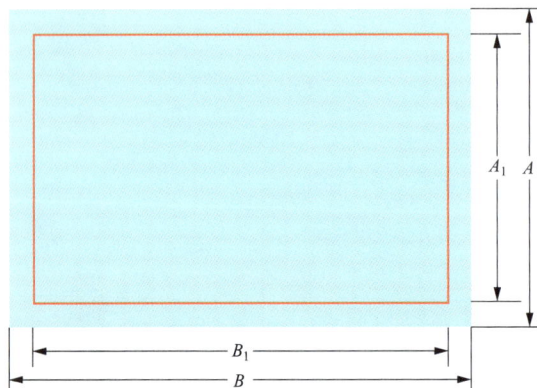

图 3-1　母线标志牌的制图标准

（2）母线标志牌的参数，见表 3-1。

表 3-1　　　　　　　　　　　　　母线标志牌的参数　　　　　　　　　　　　　　mm

参数 电压级别（kW）	B	A	B₁	A₁
330	700	500	650	450
220	600	450	550	400
110	300	400	450	350
35	500	400	450	350

（3）母线标志牌图例，如图 3-2 所示。

二、变压器（高压厂用变压器、启动备用变压器、电抗器、接地变压器、消弧线圈、电容器等）标志牌

（1）主变压器（高压厂用变压器、启动备用变压器、电抗器、接地变压器、消弧线圈、电容器等）标志牌的制图标准，如图 3-3 所示。

图 3-2　母线标志牌的图例

图 3-3　主变压器（高压厂用变压器、启动备用变压器、电抗器、接地变压器、消弧线圈、电容器等）标志牌的制图标准

（2）主变压器（高压厂用变压器、启动备用变压器、电抗器、接地变压器、消弧线圈、电容器等）标志牌的参数，见表 3-2。

表 3-2　　　　　主变压器（高压厂用变压器、启动备用变压器、电抗器、

接地变压器、消弧线圈、电容器等）标志牌的参数　　　　　　mm

参数 电压等级（kV）	B	A	B₁	A₁
330 及以上	500	400	460	360
220 及 110	400	300	364	264
110 及以下	300	200	268	168

（3）主变压器（高压厂用变压器、启动备用变压器、电抗器、接地变压器、消弧线圈、电容器等）标志牌的图例，如图 3-4 所示。

三、短路器标志牌

（1）断路器标志牌的制图标志，如图 3-5 所示。标志牌内文字为红色字。

1号主变压器	1号主变压器A相
1号电抗器	1号电抗器A相
1号站用变压器	1号消弧线圈
1号接地变压器	1号电容器

图 3-4　主变压器（高压厂用变压器、启动备用变压器、电抗器、
接地变压器、消弧线圈、电容器等）标志牌图例

（2）断路器标志牌的参数，见表 3-3。

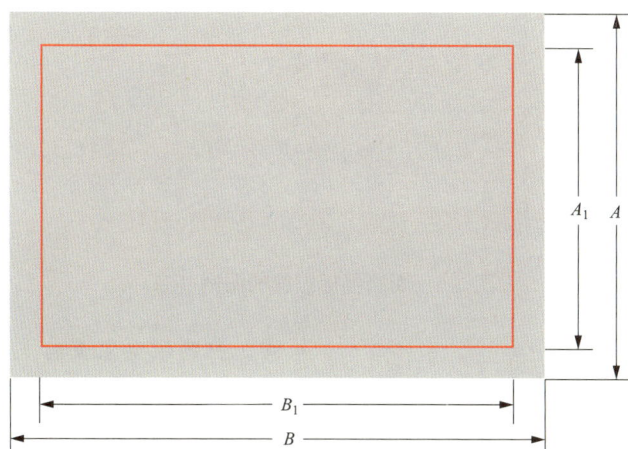

图 3-5　断路器标志牌的制图标准

表 3-3　　　　　　　　　　　　　　断路器标志牌的参数　　　　　　　　　　　　　　mm

参数	A	B	A_1	B_1
数值	220	320	188	288

（3）断路器标志牌的图例，如图 3-6 所示。

图 3-6　断路器标志牌的图例（一）

35kV3号电抗器
321断路器

图 3-6　断路器标志牌的图例（二）

35kV母联
300开关柜

图 3-7　户内配电装置标志牌图例

四、户内配电装置标志牌

（1）制图标准和参数同 1.3。

（2）户内配电装置标志牌图例如图 3-7 所示。

五、隔离开关标志牌

（1）制图标准和参数同 1.3。

（2）隔离开关标志牌图例如图 3-8 所示。

3号主变压器330kV
侧3303-1隔离开关

35kV杨风四Ⅰ线
341隔离开关

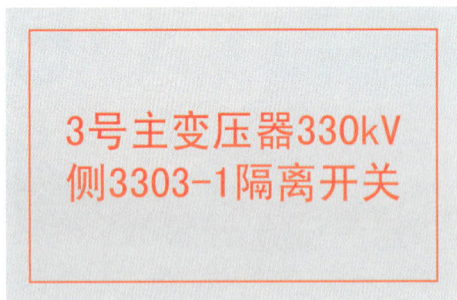

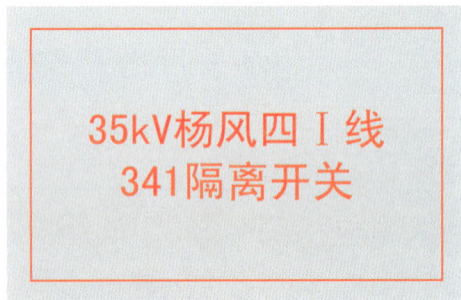

图 3-8　隔离开关标志牌图例

六、接地开关标志牌

（1）制图标准和参数同 1.3，标志牌的字为黑字。

（2）接地开关标志牌图例如图 3-9 所示。

七、电流电压、互感器，避雷器、耦合电容器标志牌

（1）制图标准和参数同 1.3，标志牌的字为红色。

（2）电流电压、互感器，避雷器、耦合电

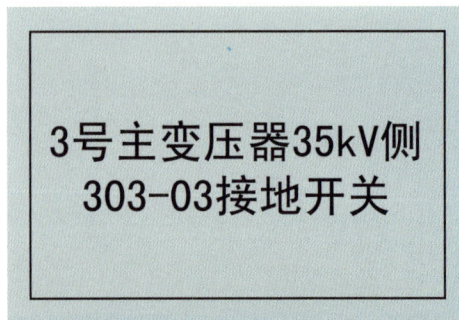

3号主变压器35kV侧
303-03接地开关

图 3-9　接地开关标志牌图例

容器标志牌图例如图 3-10 所示。

八、电容器组、电抗器组标志牌

（1）制图标准和参数同 1.3，标志牌的字为红字。

（2）电容器组、电抗器组标志牌图例如图 3-10 所示。

九、避雷针标志牌

（1）避雷针标志牌制图标准，如图 3-11 所示。

图 3-10　电流、电压互感器、避雷器、耦合电容器标志牌图例

（2）避雷针标志牌的参数，见表 3-4。

表 3-4　　　　　　　　　　　　　避雷针标志牌的参数

参数	B	A	B_1	A_1
数值	500	400	450	350

（3）避雷针标志如图 3-11 所示。

十、其他设施标志牌

（1）制图标准和参数同 1.3，标志牌的字为红字，穿墙套管的相色标志直径为 60mm。

（2）其他设施标志牌图例如图 3-12 所示。

十一、户外控制箱、端子箱、检修电源箱及其他户外独立箱柜标志牌

（1）制图标准和参数同 1.3，标志牌的字为红字。

图 3-11　避雷针标志牌图例

（2）户外控制箱、端子箱、检修电源箱及其他户外独立箱柜标志牌图例如图 3-13 所示。

十二、户内（含户外墙内）控制箱、电源箱、端子箱标志牌

（1）户内（含户外墙内）控制箱、电源箱、端子箱标志牌的制图标准，如图 3-14 所示。

35kVⅠ段配电室	2号主变压器35kV侧穿墙套管 🟡 🟢 🟠
电缆室	蓄电池室
1号电缆室	1号蓄电池室
330kV继电保护室	1号电缆竖井

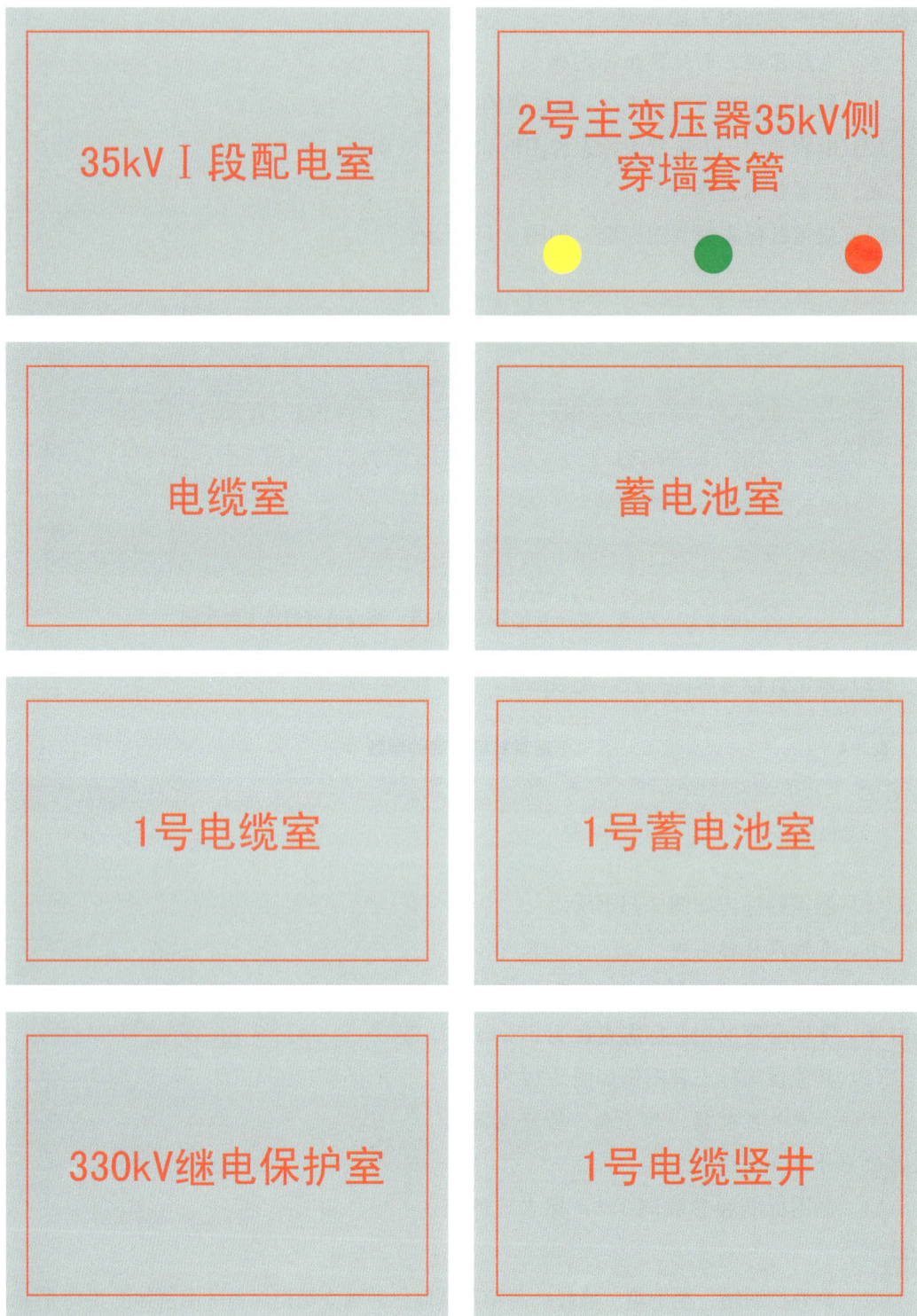

图 3-12　其他设施标志牌图例

（2）户内（含户外墙内）控制箱、电源箱、端子箱标志牌参数，见表 3-5。

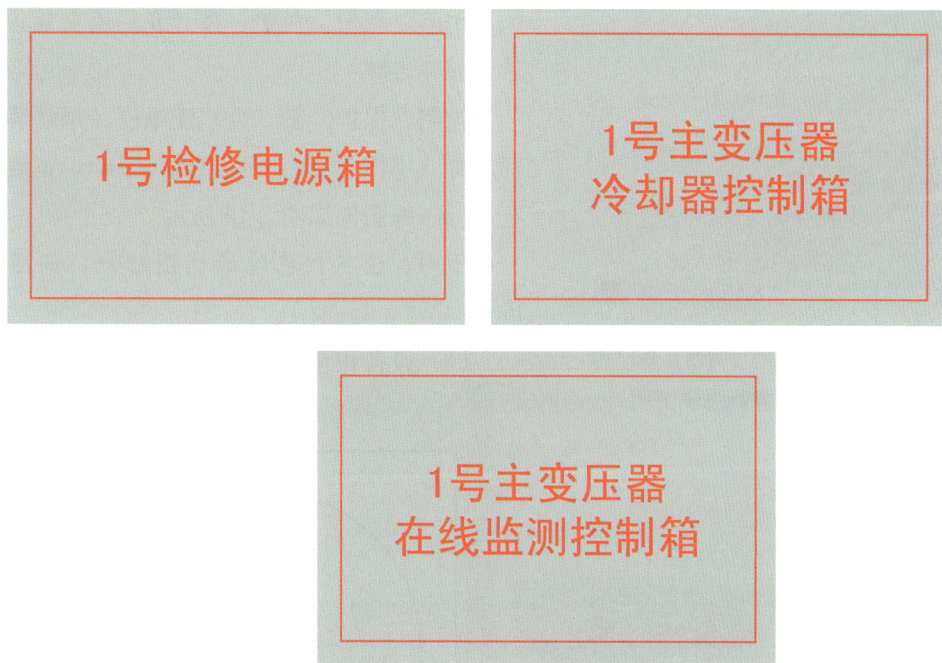

图 3-13 户外控制箱、端子箱、检修电源箱及其他户外独立箱柜标志牌图例

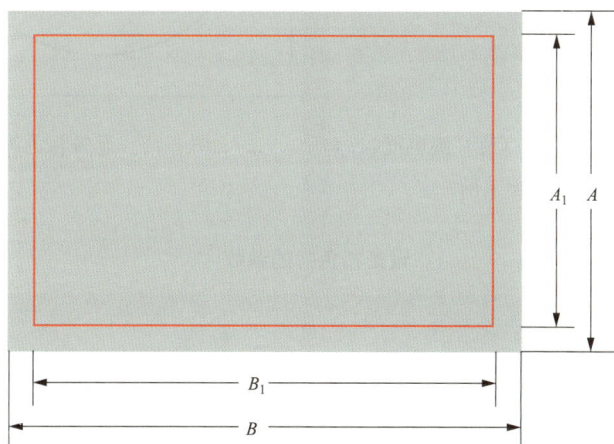

图 3-14 户内（含户外墙内）控制箱、电源箱、端子箱标志牌制图标准

表 3-5 户内（含户外墙内）控制箱、电源箱、端子箱标志牌参数 mm

参数 种类	A	B	A_1	B_1
甲	60	100	48	88
乙	120	200	96	176

（3）户内（含户外墙内）控制箱、电源箱、端子箱标志牌图例，如图 3-15 所示。

图 3-15　户内（含户外墙内）控制箱、
电源箱、端子箱标志牌图例

图 3-16　控制、保护、交（直）流电能、
远动等盘柜标志牌图例

十三、控制、保护、交（直）流电能、远动等盘柜标志牌

控制、保护、交（直）流电能、远动等盘柜标志牌（字体为红色）高度为 60mm，宽度同屏宽，标志牌图例如图 3-16 所示。

十四、设备相色牌的制图标准，如图 3-17 所示。

（1）设备相色牌的参数，见表 3-6。

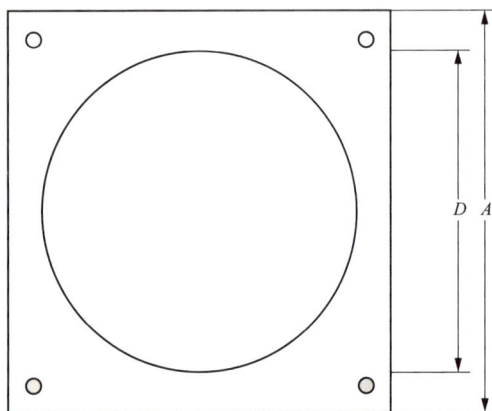

图 3-17　设备相色牌的制图标准

表 3-6　　　　　　　　　　　　　　　　设备相色牌的参数　　　　　　　　　　　　　　　　mm

参数 种类	D	A
甲	300	340
乙	120	160

（2）设备相色牌图例，如图 3-18 所示。

十五、变压器散热器标志牌

（1）直径为 80mm 或 150mm，字为红色。

（2）变压器散热器标志牌图例如图 3-19 所示。

3.4.2　风电机组及输电线路安全标志

一、风机标志

（一）风机标志牌

（1）风机标志牌的形式为圆形标志，直径 $D=800$mm，如图 3-20 所示。

Y100　　　　　　　　C100 Y100　　　　　　　　M100 Y100

（a）　　　　　　　　　　（b）　　　　　　　　　　（c）

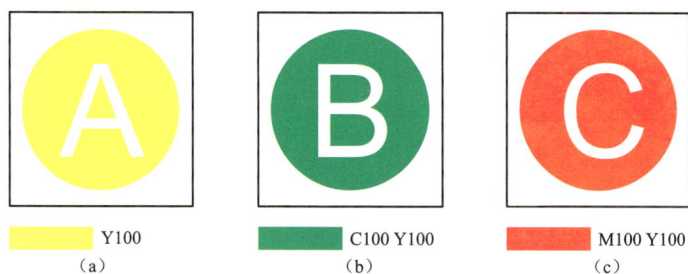

图 3-18　设备相色牌图例及标准色

（a）A 相图例及标准色；（b）B 相图例及标准色；（c）C 相图例及标准色

（2）风机标志牌蓝色（C100 M70 Y0 K30）为标志牌底色，字体为白色（C0 M0 Y0 K0）。

（3）风机标志牌的图例如图 3-21 所示。

图 3-19　变压器散热器　　　　图 3-20　风机标志牌　　　　图 3-21　风机标志牌
　　　标志牌图例　　　　　　　　　　　　　　　　　　　　　　的图例

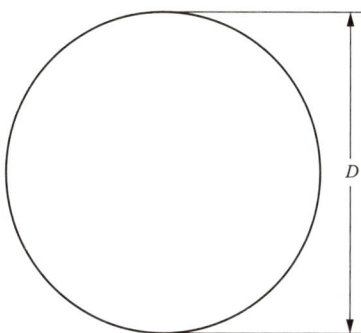

（二）风机发电机、齿轮箱、配电柜、控制箱、端子箱等标志牌

（1）风机发电机、齿轮箱、配电柜、控制箱、端子箱等标志牌的制图标准，如图 3-22 所示。

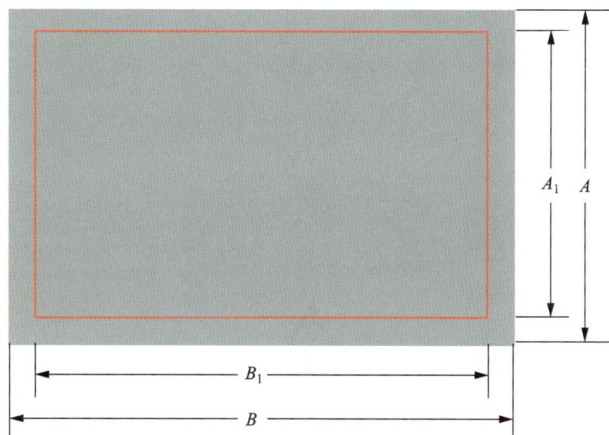

图 3-22　标志牌制图标准

（2）风机发电机、齿轮箱、配电柜、控制箱、端子箱等标志牌的参数见表 3-7。

表 3-7　　　　　　　　　　　　　标 志 牌 的 参 数

参数 种类	A	B	A₁	B₁
甲	60	100	48	88
乙	120	200	96	176

（3）风机发电机、齿轮箱、配电柜、控制箱、端子箱等标志牌图例如图 3-23 所示。

（三）风机变频器控制柜、变频器功率柜、风机控制柜等标志牌

（1）风机变频器控制柜、变频器功率柜、风机控制柜等标志牌的制图标准高度为 60mm，宽度同屏宽，字体为红色。

（2）风机变频器控制柜、变频器功率柜、风机控制柜等标志牌图例如图 3-24 所示。

图 3-23　风机发电机、齿轮箱、配电柜、
控制箱、端子箱等标志牌图例

图 3-24　风机变频器控制柜、变频器功率柜、
风机控制柜等标志牌图例

（四）风机安全警告标志

风机安全警告标志是布置在风机塔筒表面及风机内部的配电柜、塔筒、各层平台、机舱等部位，提示和警告运行及维护人员注意安全，严禁在风机内外打孔。

安全警告标志牌图例如图 3-25 所示。

图 3-25　安全警告标志牌图例

（五）风机定检安全风险提示卡

险点分析	预控措施
高处坠落	1. 上下爬塔筒时，必须正确使用"速刹"装置。 2. 进行高空作业时，必须正确使用安全带，安全带必须系在牢固可靠处。 3. 风速大于 5m/s 时，立即停止作业。 4. 正确使用机舱逃生孔盖板、风机塔筒平台盖板。 5. 禁止不正确使用脚手架。
高处落物	1. 高空作业区域临边严禁堆放材料，边角余料要及时清理。 2. 高处作业人员应佩戴工具袋，工具、零件放在工具袋内，严禁上下抛掷物品。 3. 放置在塔筒内的工器具、螺栓等必须做好加固措施，绑扎牢固。 4. 禁止进入叶片结冰落物的区域
触电伤害	1. 正确使用验电器。 2. 电气工作前先验电。 3. 临时电源必须使用漏电保护器。 4. 雷雨时严禁进入风电机组
机械伤害	1. 风速大于 12m/s 时，严禁进入叶轮。 2. 禁止两人及以上在同一节塔筒爬梯上
火灾	1. 作业现场严禁吸烟。 2. 及时清理漏油、漏气等易燃品。 3. 执行动火工作票
交通意外	1. 严禁超速行驶。 2. 驾乘人员正确佩戴安全带。 3. 杜绝酒后驾驶

（六）风机设备吊装安全风险提示卡

险点分析	预控措施
高处坠落	1. 上下爬塔筒时，必须正确使用"速刹"装置。 2. 进行高空摘钩等作业时，必须正确使用安全带，安全带必须系在牢固可靠处。 3. 风速大于 8m/s 时，立即停止作业。 4. 正确使用机舱逃生孔盖板、风机塔筒平台盖板
高处落物	1. 高空作业区域临边严禁堆放材料，边角余料要及时清理。 2. 高处作业人员应佩戴工具袋，工具、零件放在工具袋内，严禁上下抛掷物品。 3. 放置在塔筒内的工器具、螺栓等必须做好加固措施，绑扎牢固
触电伤害	1. 正确使用验电器。 2. 电气工作前先验电。 3. 临时电源必须使用漏电保护器
起重伤害	1. 起重吊具、索具使用前需检查合格并有检查记录集标示。 2. 起重操作、指挥等特殊作业人员必须持证上岗，吊装过程中必须保证信号明确。 3. 抬吊、机械超负荷作业必须办理《安全施工作业票》，并组织人员进行交底，严格按照措施进行施工。 4. 严禁起重臂下逗留。 5. 正确使用机舱吊物孔盖板
火灾	1. 作业现场严禁吸烟。 2. 及时清理漏油、漏气等易燃品。 3. 执行动火工作票
交通意外	1. 严禁超速行驶。 2. 驾乘人员正确佩戴安全带。 3. 杜绝酒后驾驶

（七）风机设备巡检作业指导书、风机设备维护作业指导书、风机设备定检作业指导书等

序号	定检项目	安全风险
1	文明卫生清理及防腐	触电、高处坠落、机械伤害、中毒和窒息、火灾、灼烫、扭伤
2	螺栓力矩抽检	机械伤害、高处坠落、物体打击、磕碰
3	变桨系统检查试验	触电、高处坠落、机械伤害
4	偏航系统检查试验	触电、高处坠落、机械伤害
5	制动系统检查试验	机械伤害
6	润滑、冷却系统定检试验	火灾、烫伤、机械伤害、触电
7	传动链系统检查试验	机械伤害、高处坠落、磕碰、扭伤
8	控制系统检查试验	触电
9	发电机、变频器系统检查试验	触电、机械伤害
10	安全链系统功能性试验	触电、机械伤害、物体打击
11	防雷接地系统检查试验	触电、高处坠落
12	发电机对中	机械伤害、磕碰
13	蓄电池性能试验	触电、腐蚀
14	叶片外观检查	高处坠落
15	振动及超速功能测试	机械伤害
16	风速风向仪检查测试	高处坠落
17	电缆磨损及下坠检查、处理	触电、高处坠落、机械伤害

（八）风机安全标志综合标志牌

（1）风机塔筒一层需设置综合标志牌，综合标志牌包含"禁止两人同时攀登""禁止吸烟""禁止上下抛物""必须挂安全绳"等10个安全标志，综合标志牌尺寸为800mm×600mm，如图3-26所示。

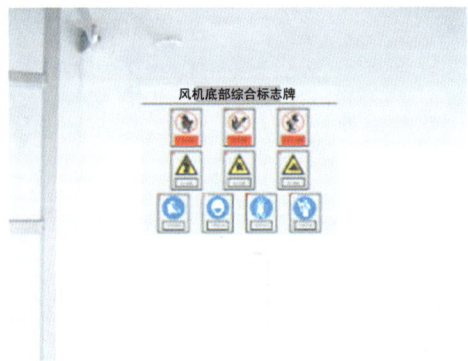

图3-26　风机安全标志综合标志牌

（2）爬梯助力器安全操作规程。

爬梯助力器安全操作规程如图 3-27 所示。

（3）通往草原、森林主要路口需设置综合安全标识牌，制作规格：960mm×400mm，标志牌离地面 600mm，如图 3-28 所示。

（4）"限速标识"，系指风电场范围内公司永久占地修建的道路，根据需要在交通事故易发生路段设置标示牌。标示牌必须符合国家标准 GB 5768—1999（道路交通标志和标线）要求，规格：直径 600mm，如图 3-29 所示。

（5）急转弯标牌采用正规的交通标识，根据情况设置在风场道路急转弯路段的开始和结束段（安装个数视情况而定）。标识牌必须符合国家标准 GB 5768—1999（道路交通标志和标线）的要求，如图 3-30 所示。

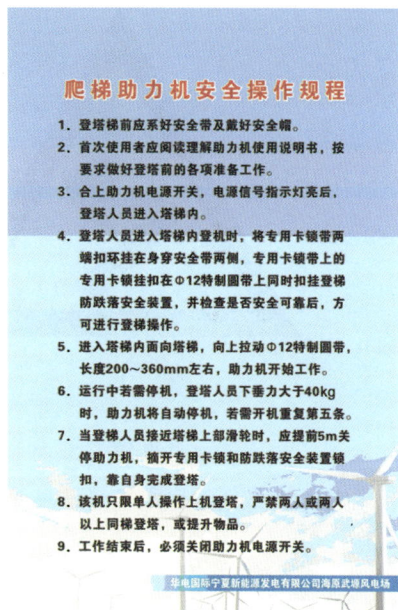

图 3-27　爬梯助力器安全操作规程

图 3-28　通往草原、森林主要路口安全标识牌

图 3-29　限速标识

图 3-30　急转弯标牌

二、风电场电力（电缆）线路

风电场线路分为风电场送出线和集电线路，集电线路以罗马数字和英文字母编号，如1A. ‖ E。

（一）线路名称、杆号及色标标志牌

颜色标志为标志牌底色，字体颜色与底色对比度要大，如图 3-31 所示。

图 3-31　线路名称、标号及色标标志牌

风电场线路名称、标号及色标标志牌的制图标准如图 3-32 所示。

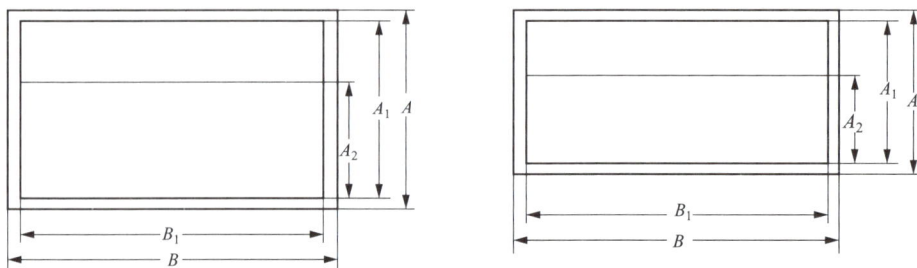

图 3-32　制图标准

风电场线路名称、杆号及色标标志牌的参数见表 3-8。

参数 电压	B	B_1	A	A_1	A_2
10	320	300	260	240	170
35～110	400	370	320	290	190
220～500	500	470	400	370	245

表 3-8　　　　　　　　　风电场线路名称、杆号及色标标志牌的参数　　　　　　　　　mm

注　根据实际情况，可按其比例适当放大、缩小。

（二）出线线路（母线）和集电线路主要杆塔相位标志牌

主要杆塔相位标志牌如图 3-33 所示。

图 3-33　主要杆塔相位标志牌

出线线路（母线）和集电线路主要杆塔相位标志牌的制图标志如图 3-34 所示。

出线线路（母线）和集电线路主要杆塔相位标志牌的参数见表 3-9。

（三）风电场电缆线路标志牌（桩）

风电场电缆线路标志牌的制图标准及参数，$A=80\text{mm}$，$B=120\text{mm}$，$C=5\text{mm}$，如图 3-35 所示。

风电场电缆线路标志桩的制作标准及参数，如图 3-36 所示。

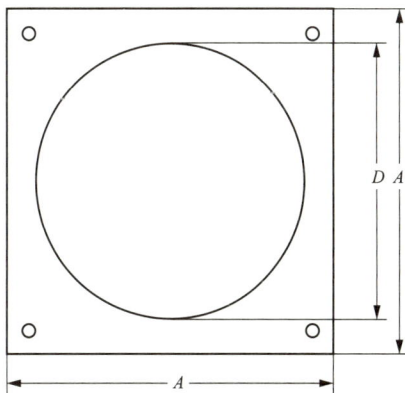

图 3-34　制图标志

表 3-9　　　　　　　　　主要杆塔相位标志牌的参数　　　　　　　　　mm

电压（kV）	D	A
35～110	160	200
220～500	300	340

风电场电力电缆标志牌的制图标准及参数，如图 3-37 所示。

控制及普通电缆标志的制图标准及参数，如图 3-38 所示。

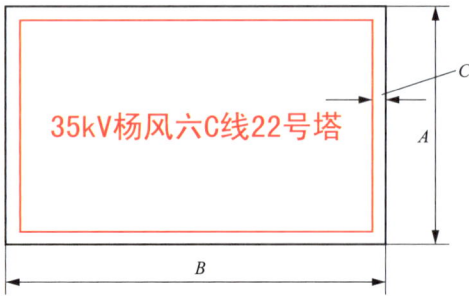

图 3-35　电缆线路标志牌的
制图标准及参数

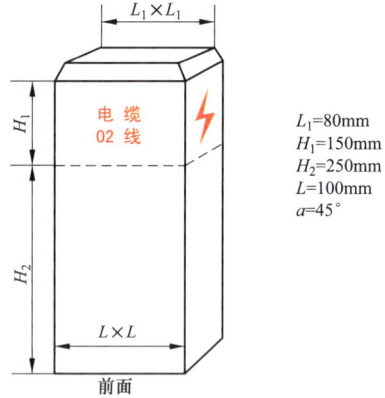

$L_1=80mm$
$H_1=150mm$
$H_2=250mm$
$L=100mm$
$a=45°$

图 3-36　风电场电缆线路标志桩
的制作标准及参数

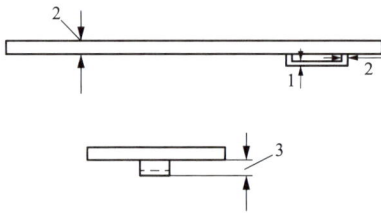

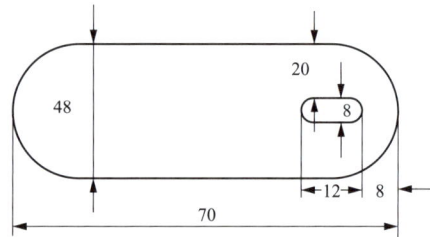

图 3-37　电力电缆标志牌的制图标准及参数（单位：mm）

3.4.3　辅助设施标志

一、主要辅助设备

主要辅助设备的标志牌和制作标准如图 3-39 所示。

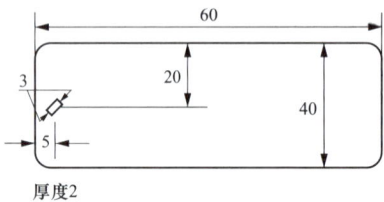

图 3-38　控制及普通电缆标志的
制图标准及参数（单位：mm）

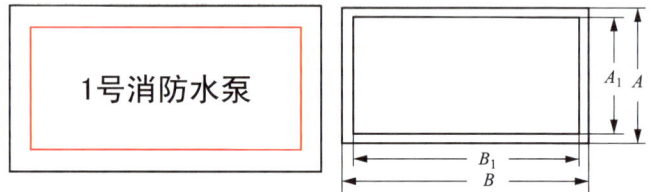

图 3-39　主要辅助设备的标志牌和制作标准

辅助设备标志牌的参数（根据实际情况按比例缩放）见表 3-10。

表 3-10　　　　　　　　　　　　　辅助设备标志牌的参数

参数　种类	B	A	B_1	A_1
甲	200	100	183	90
乙	106	60	92	54

主要辅助设备控制箱的标志牌，制图标准及参数同上主要辅助设备，如图 3-40 所示。

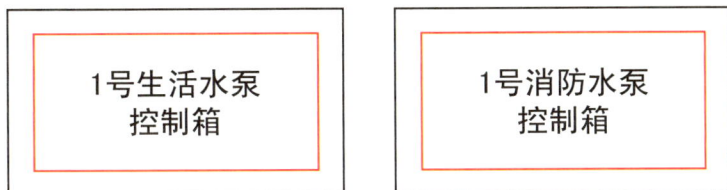

图 3-40 主要辅助设备控制箱的标志牌

二、阀门及其他（阀门标志牌和阀门开关转动方向标志牌可合二为一）

阀门标志牌及阀门开关转动方向标志牌：$A=70\text{mm}$，$B=80\text{mm}$，$A_1=50\text{mm}$（两种阀门标志牌可供选择），如图 3-41 所示。

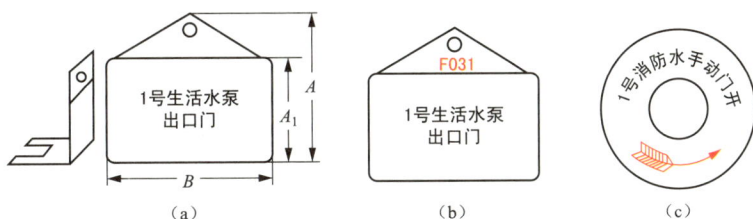

（a）　　　　　　　（b）　　　　　　　（c）

图 3-41 阀门及其他

（a）带介质色标的阀门标志牌；（b）阀门标志牌；（c）阀门开关转动方向标志牌

转动设备转动方向标志如图 3-42 所示。

三、管道着色及介质流向

色环、介质名称、流向在管道上的相位位置如图 3-43 所示。

介质色标释义见表 3-11。

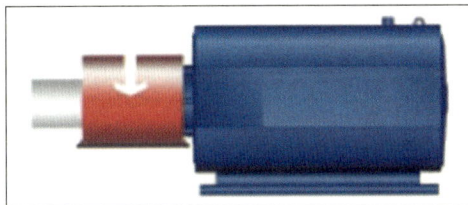

图 3-42 转动设备转动方向标志

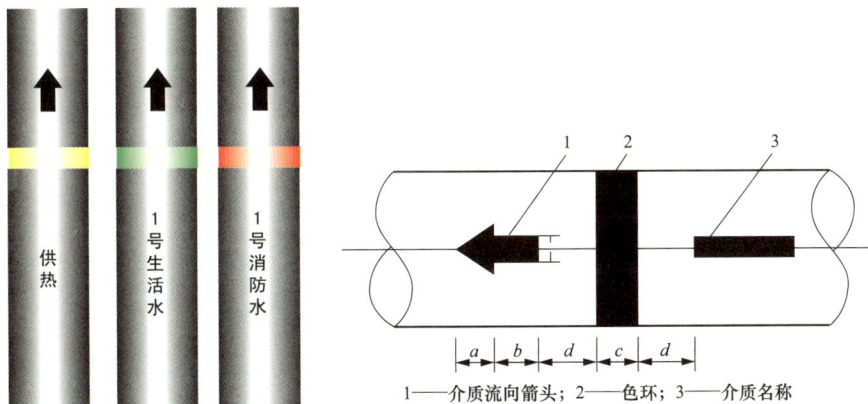

1—介质流向箭头；2—色环；3—介质名称

图 3-43 色环、介质名称、流向在管道上的相位位置（一）

管道外径或保温层外径	a	b	c	d	e
<100	40	60	30	100	60
101~200	60	90	45	100	80
201~300	80	120	60	150	100
301~500	100	150	75	150	120
>500	120	180	90	200	150

图 3-43　色环、介质名称、流向在管道上的相位位置（二）

表 3-11　　　　　　　　　　　　介质色标释义

物质种类	基本识别色	色样	颜色标准编号
水	艳绿		G03
水蒸气	大红		R03
空气	淡灰		B03
气体	中黄		Y07
酸	紫		P02
可燃	棕		YR05
其他液体	黑		
氧	淡蓝		PB06

4　专项规范

4.1　风机机组区域

区域/7S 要素	7S 要求	实施级别	参考图例
1　塔筒			
1.1　塔筒外部			
1.1.1　地面	1. 地面平整，无坑洼，排水通畅。 2. 环境整洁，无垃圾、杂物	强制	
1.1.2　电缆标识桩	1. 风电机组至箱变设有清晰、固定可靠的地埋电缆路径指示标志桩。 2. 电缆路径指示标志桩埋设位置不影响车辆正常通行。 3. 电缆路径指示标志桩喷绘内容："电缆桩"，颜色：红色。 4. 字体规格：高 100mm×宽 100mm	强制 指导	

区域/7S 要素	7S 要求	实施级别	参考图例
1.1.3 塔筒外壁	1. 塔筒外壁表面无油污,见本色。 2. 塔筒外壁无脱漆、锈蚀	强制	
1.1.4 机组编号	1. 机组号牌无油污,固定可靠、端正。 2. 安装位置:塔筒门正上方 200mm 处。 3. 规格尺寸:蓝底白字,规格为直径 800mm 的圆,字体为仿宋简体大黑	强制 指导	
1.1.5 塔筒外安全警示标识	1. 塔筒外安装安全警示标识牌,标识牌粘贴端正、牢固。 2. 安全警示标识牌内容: (1) 防火重点部位(责任部门、责任人); (2) 未经许可,不得入内; (3) 禁止烟火; (4) 必须戴安全帽; (5) 当心落物; (6) 温馨提示:火警电话 119 急救电话 120,请您稍等片刻,关注上方安全警示标识。 3. 安装位置:塔筒门右侧,标牌下沿距离爬梯踏板 1600mm。 4. 规格尺寸:高 600mm × 宽 400mm,铝塑板材质。 5. 塔筒外喷涂安全警示标语。 6. 喷绘内容:"请勿靠近,当心落物!雷雨天气,禁止靠近!" 7. 字体规格:高度:400mm,宋体,上下两行布局,颜色:红色	强制	

区域/7S 要素	7S 要求	实施级别	参考图例
1.1.6 塔筒基础	1. 塔筒基础平整，无积水、杂物。 2. 塔筒基础与基础环结合处做防水处理，刷沥青漆。 3. 防护区域：结合处两侧各 200mm 宽。 4. 塔筒基础地面部分存在落差的，在立面刷黄黑警示带 5. 规格尺寸：高度：150mm，色带宽：100mm。 6. 油漆型号：户外水泥油漆	强制 指导 建议	
1.1.7 塔筒外爬梯	1. 爬梯清洁，无垃圾、油污，无阻塞。 2. 爬梯基础牢固、无松动现象。 3. 爬梯本体刷铁灰色，在第一级及最后一级刷黄色防止踏空线，色带宽：100mm	强制	
1.1.8 沉降观测点	1. 观测点无积水、锈蚀。 2. 观测点统一命名编号。 3. 基准点喷绘"沉降观测点"字样。 4. 字体规格：高度：100mm，颜色：红色	强制 指导	
1.1.9 沉降基准点	1. 基准点基座无破损。 2. 基准点刷黄黑警示漆，色带宽：100mm，倾斜角度：45°，向右上角倾斜。 3. 观测点喷绘"沉降基准点"字样。 4. 字体规格：高度：100mm，颜色：红色	强制 指导	
1.1.10 塔筒门	1. 塔筒门清洁，无脱漆、锈蚀。 2. 塔筒门滤网无积灰。 3. 塔筒门锁定保险装置完好，并有防夹手安全提醒标识，贴于装置上方居中位置	强制 指导	

区域/7S 要素	7S 要求	实施级别	参考图例
1.1.11 门槛	1. 塔筒入口处清洁，无油污。 2. 塔筒入口处下方垂直面之间刷黄黑警示漆，色带宽：100mm，倾斜角度：45°，向右上角倾斜	强制	
1.2 塔筒底部			
1.2.1 环境卫生	1. 地面清洁，无积灰、油污、杂物。 2. 塔筒内壁无油污，见本色。 3. 设备标识清晰、完备	强制	
1.2.2 接地装置	1. 接地扁铁刷黄绿接地标志漆，色带宽：200mm。 2. 接地扁铁接头处无松动，接触良好。 3. 接地极装设"接地极"标识，接地极端部禁止刷漆，保证接地面积	强制	
1.2.3 电缆	1. 电缆预埋管的切割面光滑，预埋管与电缆之间的缝隙应封堵严实，造型美观大方。 2. 电缆、光缆等敷设规范，电缆应刷防火涂料。 3. 桥架安装牢固，紧固螺丝无松动脱落，电缆线无破损裸露，定期清理。 4. 电缆整理应分类，电缆信息牌完好，内容无缺失	强制	
1.3 塔筒一层平台			
1.3.1 平台环境	1. 地面清洁，无积水、油污、杂物。 2. 塔筒壁表面无油污，见本色。 3. 平台明显位置喷涂有"平台最大载荷"	强制	

区域/7S 要素	7S 要求	实施级别	参考图例
1.3.2　变频控制柜	1. 盘柜使用水冷系统的，无跑、冒、滴、漏现象。 2. 柜体清洁，无污渍、破损，柜内无积灰、杂物。 3. 柜眉整洁，粘贴牢固，柜眉内容与盘柜对应。 4. 柜内线缆敷设规范，线缆端部悬挂标牌，标牌内容具体、准确。 5. 柜内引出线孔洞进行防火封堵，造型美观大方。 6. 盘柜周边刷黄色安全警示线，警示线内边缘距盘柜 200mm，色带宽：100mm。 7. 电源柜、变频柜柜门居中位置粘贴"带电危险"标识。 8. 盘柜张贴"巡检指导书"，巡检内容全面、准确。 9. 明确盘柜门显示区域、操作区域进行划分，色带宽：10mm，颜色：黄色。 10. 柜内设备运行正常，无告警信号	强制	
1.3.3　消防器材	1. 灭火器喷管、压力表无破损。 2. 灭火器放置处应有定置标识。 3. 配置点检卡，点检卡名称内容与实物对应，定期点检。 4. 灭火器生产日期或检验日期、合格证齐全	强制	

区域/7S 要素	7S 要求	实施级别	参考图例
1.3.4 助爬器	1. 助爬器清洁，无油污，拉绳无油污、无断股。 2. 助爬器电动机张贴"禁止踩踏"警示标识。 3. 助爬器开关有清晰、明确的开关标识	强制	
	1. 张贴助爬器"安全使用要点"。 2. 张贴助爬器"操作说明书"	指导	
1.3.5 爬梯	1. 爬梯固定可靠，无松动现象。 2. 爬梯第一级踏杆刷黄色警示漆。 3. 爬梯正对面的塔筒壁下方张贴"由此上下"安全警示牌。 4. 爬梯安全附属装置功能完好，安全钢丝绳无断股，滑轨装置无卡死现象	强制	
1.3.6 安全防护用品佩戴看板	1. 张贴"安全防护用品佩戴示意图"。 2. 规格尺寸：600mm×400mm（高×宽）。 3. 安装位置：示意图下边缘距平台高度为1400mm，安装在塔筒门正前方	强制	

区域/7S 要素	7S 要求	实施级别	参考图例
1.3.7 主控柜	1. 柜体清洁，无污渍、破损，柜内无积灰、杂物。 2. 柜体张贴功能标签。 3. 柜内线缆敷设规范，线缆端部悬挂标牌，标牌内容具体、准确。 4. 柜内引出线孔洞进行防火封堵，造型美观大方。 5. 控制开关功能完好，标识完整、指向明确。 6. 柜门锁功能完好，不用时保持锁闭	强制	
1.3.8 400V 电源配电盒	1. 配电盒清洁，无污渍、破损。 2. 线缆敷设规范，线缆端部悬挂标牌，标牌内容具体、准确。 3. 配电箱居中位置张贴"当心触电"标识。 4. 配电盒张贴功能标签	强制	
1.4 塔筒中间平台			
1.4.1 人孔门	1. 人孔门盖板刷黄黑安全警示漆，色带宽：100mm。 2. 人孔门边缘刷黄色警示漆，色带宽：100mm。 3. 人孔门盖板固定螺栓无松动，固定可靠。 4. 人孔门盖板旁醒目位置张贴"爬梯盖板，使用后立刻关闭"标示	强制	
1.4.2 吊物孔	1. 吊物孔盖板刷黄黑警示漆，色带宽：100mm，角度：45°，向右上角倾斜。 2. 吊物孔围栏刷黄色警示漆。 3. 吊物孔盖板固定螺栓无松动，固定可靠。 4. 吊物孔盖板喷绘"禁止踩踏"字样	强制 指导	

区域/7S 要素	7S 要求	实施级别	参考图例
1.4.3　检修柜	1. 柜体清洁，无污渍、破损。 2. 柜体张贴功能标签。 3. 线缆敷设规范，线缆端部悬挂标牌，标牌内容具体、准确	强制	
1.4.4　爬梯	爬梯靠近每层塔筒平台下方的踏杆刷黄色警示漆	指导	
1.5　塔筒顶层平台			
1.5.1　安全钢丝绳	1. 钢丝绳清洁，无油污，无断股。 2. 钢丝绳松紧适度，端头螺栓固定可靠	强制	
1.5.2　安全提示	1. 有"使用爬梯时必须使用防坠器""盖上爬梯安全盖板才能取下防坠器"等安全提示。 2. 有"当心滑倒"安全标识	强制 指导	
1.5.3　消防器材	1. 灭火器目视无尘，无污渍，见本色。 2. 灭火器放置处应有定置标识。 3. 灭火器有使用说明。 4. 配置点检卡，点检卡名称内容与实物对应，定期点检	强制	

区域/7S 要素	7S 要求	实施级别	参考图例
2 机舱			
2.1 发电机			
2.1.1 发电机本体	1. 设备本体清洁，无油污。 2. 有发电机巡检作业指导书。 3. 铭牌、参数、线路牌完整、明确。 4. 吊环刷黄色警示漆。 5. 根据不同厂家参数设定，明确发电机驱动侧、非驱动侧轴承运行温度、报警温度。 6. 发电机集电环标示碳刷要求，碳刷长度小于原始长度的 1/3，需更换。 7. 发电机测温点进行标示	强制	
2.1.2 润滑装置	1. 发电机注油器应有"不少于 1/3"标示（画线标识可参考）。 2. 根据发电机不同厂家，明确轴承自动注油器给油脂量。 3. 明确轴承定期手动注油脂量	指导	
2.1.3 联轴器	1. 联轴器清洁，无油污。 2. 联轴器表面的防腐涂层没有脱落现象。 3. 联轴器同轴度检测标示，轴的平行度误差：±0.2mm，超出 ±0.2mm，必须重新进行调节	强制	
2.1.4 冷却系统	1. 冷却管道流向箭头、名称。 2. 冷却器压力表标明运行压力范围，报警压力范围。 3. 加注冷却系统明确冷却介质成分、颜色、产品型号	指导	

续表

区域/7S 要素	7S 要求	实施级别	参考图例
2.2　齿轮箱			
2.2.1　齿轮箱本体	1. 齿轮箱本体清洁，无渗漏，无污渍，见设备本体。 2. 齿轮箱呼吸器有巡检项目。 3. 齿轮箱应有巡检作业指导书。 4. 吊物孔刷黄色油漆。 5. 振动传感器探头要有明确的编号	强制	
	1. 齿轮箱呼吸器内干燥剂的颜色变化色彩目视。 2. 齿轮箱的测温点、测压点有标识。 3. 齿轮箱油位正常目视。 4. 压力表正常无损坏，有目视范围	指导	
2.2.2　主轴	1. 表面清洁，无油污、锈蚀。 2. 轴承密封良好，无渗、漏现象。 3. 张贴"当心机械伤害"标识。 4. 主轴应有巡检作业指导书、防止旋转伤害的警示说明	强制	
2.2.3　润滑冷却装置	1. 表面清洁，无渗、漏现象。 2. 装置上应贴"未经允许，禁止操作"标示牌。 3. 电动机旋转方向标识。 4. 有介质内容和流向。 5. 根据齿轮箱冷却系统设计要求：水冷系统明确介质型号、颜色。 6. 冷却系统压力表要有明确的运行压力、报警压力范围	强制	

区域/7S 要素	7S 要求	实施级别	参考图例
2.2.4　滑环	1. 碳刷目视无尘，无污渍，见本色。 2. 各功能位有清晰、控制指向明确的标识。 3. 有静止踩踏的标示	强制	
2.3　偏航装置			
2.3.1　偏航驱动器	1. 偏航电机目视无尘、无污渍、见设备本体。 2. 保持罩子通风无堵塞、散热良好	强制	
	3. 偏航电动机风叶罩上贴"禁止踩踏"警示标签	指导	
2.3.2　偏航齿圈	1. 偏航轴承和齿圈表面无污物。 2. 偏航齿圈无杂物，如有立即清除	强制	
2.3.3　偏航制动系统	1. 表面清洁，无油污。 2. 表面无油漆脱落、无腐蚀现象，电动机声音正常。 3. 电缆、管道整齐，标明管道功能。 4. 明确偏航电动机左右转向	强制	
2.4　制动装置			
2.4.1　液压站	1. 液压站表面清洁，无跑、冒、滴、漏现象。 2. 有巡检要点。 3. 有介质内容和流向。 4. 液压油油位、压力表目视化	强制	
2.4.2　液压管道	1. 管道清洁，无跑、冒、滴、漏现象。 2. 明确管道功能	强制	
2.4.3　制动卡钳	1. 制动盘和刹车片要保证清洁无机油和润滑油，以防制动失效。 2. 根据不同厂家设计，明确制动间隙	强制	

区域/7S要素	7S要求	实施级别	参考图例
2.5　环境	1. 机舱罩、通道清洁，无油污、杂物。 2. 机舱罩无渗漏，底部无积水、废油。 3. 电源线、通信线等线路敷设规范。 4. 机舱照明正常	强制	
2.6　控制柜	1. 柜体清洁，无污渍、无破损。 2. 柜内设备设备运行正常，无异声报警信号。 3. 盘眉清洁，盘眉文字内容与盘柜对应正确，字迹工整醒目。 4. 控制柜应有黄色安全警示线，线宽100mm，带电安全距离300mm（可根据现场实际情况适当调节），确保安全通道正常使用。 5. 柜前铺绝缘胶皮。 6. 柜门把手无损坏、柜门开关正常；把手上方有防触电安全标示，有"打开柜门安全要点"提示。 7. 定期对控制柜内的电器元件进行清灰，并检查线接头有无闪络。 8. 柜内二次接线要求衡平竖直，无交叉，无积灰。 9. 模块操作位有标识及操作说明。 10. 各接线有可靠的标牌，标牌内容：线名、接入、接出模块名称。 11. 明确柜门进风口风扇，电动机旋转方向，定期对柜门防尘网进行灰尘清理	强制	
3　变桨系统			
3.1　叶片			
3.1.1　叶片本体	1. 叶片表面清洁，无油污、腐蚀现象。 2. 叶片表面无裂纹，内腔无脱胶现象	强制	

区域/7S 要素	7S 要求	实施级别	参考图例
3.1.2 变浆轴承	1. 变浆轴承无油脂渗漏。 2. 变浆齿圈周边无油污。 3. 变浆轴承紧固螺栓有力矩检查标记，标记美观	强制	
3.2 变桨驱动装置			
3.2.1 变浆控制柜	1. 柜体接线整齐、美观、标示齐全。 2. 柜门锁无锁坏现象	强制	
3.2.2 变桨电动机	1. 电动机清洁，无油污。 2. 表面防腐涂层无脱落现象。 3. 变桨齿圈无杂物。 4. 变桨控制接线绑扎牢固、整齐、美观	强制	
3.2.3 变桨减速机	1. 减速机清洁，无油污。 2. 减速机密封良好，无渗漏	强制	
3.3 轮毂	1. 轮毂清洁，无油污。 2. 轮毂表面无腐蚀、裂纹	强制	
3.4 轮毂罩	1. 轮毂入口处张贴进入轮毂安全注意事项。 2. 张贴内容："未经许可禁止入内""锁定叶轮锁前、禁止进入轮毂"进入轮毂作业的必须满足条件说明书	强制	
3.5 叶轮锁	1. 叶轮锁无锈蚀，操作无卡死现象。 2. 张贴叶轮锁给油脂周期标签。 3. 张贴叶轮锁贴操作方向指示标签	强制 指导	
4 机舱外部			
4.1 后机舱罩盖板	1. 盖板清洁，无污渍，见本色。 2. 盖板上张贴"出机舱安全提示"。 3. 安全绳悬挂点张贴提示标识	强制	
4.2 风速风向仪	风速风向仪无附着物，运行正常	强制	
4.3 环境温度传感器	1. 明确温度传感器名称。 2. 明确温度传感器温度运行范围	强制	
4.4 避雷针	避雷针固定可靠，接地连接正常	强制	

区域/7S要素	7S要求	实施级别	参考图例
4.5　航标灯	航标灯固定可靠，运行正常	强制	
5　机舱内			
5.1　振动检测仪	振动检测装置安装处贴"禁止触碰"标签	强制	
5.2　吊物孔	1. 机舱吊物孔边沿刷黄色警示漆。 2. 盖板刷黄黑警示漆，喷绘"禁止踩踏"字样。 3. 检查盖板固定良好，无掉落危险，设置围栏保证操作人员安全。 4. 在吊物孔周围合适位置悬挂"吊物孔安全使用要点"	强制	
5.3　风电机组逃生	1. 逃生孔附近醒目位置张贴"机舱逃生路线图"。 2. 规格尺寸：高600×宽900mm，材质：车贴，白底黑字。 3. 逃生孔位置有明显标识。 4. 明显位置悬挂逃生指导说明，挂钩处有明显标识	指导	
5.4　逃生包	1. 逃生包有点检卡，明确检查项目及记录。 2. 逃生包有定位区域和定位标识	强制	
6　箱式变压器			

区域/7S 要素	7S 要求	实施级别	参考图例
6.1　基础	1. 箱变水泥基础抹灰平整，无垃圾。 2. 接地扁铁刷黄绿相间接地标示漆。 3. 接地极设有接地标识。	强制	
	4. 平台边沿刷黄黑警示漆，色带宽：100mm	指导	
6.2　爬梯	1. 底部及顶部台阶边沿刷黄色防止踏空线，色带宽：100mm。 2. 扶手栏杆刷黄色油漆。 3. 悬挂"止步　高压危险"安全警示牌。 4. 箱式变压器围栏门保持闭锁状态	强制	
6.3　箱式变压器外部	1. 有高压侧操作室和低压侧操作室标识，张贴"止步　高压危险"安全警示牌。 2. 油枕油位目视化。 3. 箱式变压器高压侧铜排进行绝缘范防护	强制	
6.4　操作室	1. 柜体目视无尘，无污渍，见本色。 2. 各接线有可靠的标牌，标牌内容：线名、接入、接出模块名称、线长。 3. 有箱式变压器编号标牌、四周有高压危险标示牌。 4. 引出线孔洞进行防火封堵，造型美观大方	强制	
	5. 低压侧操作室门内侧中部张贴巡检指导书，内容正确、完备。 6. 高压侧操作室门内侧中部张贴停送电操作说明，内容正确、完备	指导	
7　输电杆塔			
7.1　线缆护管	电缆护管刷红白警示漆，色带宽 100mm	强制	
7.2　接地扁铁	铁塔接地扁铁刷黄绿接地标示漆	强制	

区域/7S 要素	7S 要求	实施级别	参考图例
7.3 安全警示牌	1. 悬挂"禁止攀登、高压危险"安全警示牌。 2. 规格尺寸：400mm×320mm（高×宽）。 3. 悬挂杆塔号牌。 4. 规格尺寸：320mm×400mm（高×宽）。 5. 材质：铝塑板	强制	
7.4 引流线	引流线加装绝缘护套或刷绝缘漆	指导	
7.5 三相色标	1. A、B、C三相电分别用黄、绿、红提示牌。 2. 规格尺寸：100mm×100mm（高×宽）。 3. 材质：铝塑板	强制	

4.2　110kV 升压站区域（含 SVG 设备室、35kV 开关室）

区域/7S 要素	7S 要求	实施级别	参考图例
1　升压站门口			
1.1 入站须知	1. 在升压站门口选取合适位置放置一块入站安全须知展板。 2. 展板尺寸：1200mm×2400mm（高×宽）。 3. 内容包括安全须知条款、安全防护用品佩戴示意图、安全提示牌	强制	

区域/7S 要素	7S 要求	实施级别	参考图例
1.2 巡视路线图	1. 在升压站门口选取合适位置放置一块升压站设备巡视图展板。 2. 展板尺寸：1200mm×2400mm（高×宽）。 3. 要求用设备实物照片，巡检路线用绿色线条标示，争取路线不重复	强制	
1.3 大门	1. 大门一律保持原色。 2. 不在门体上悬挂任何标示	强制	
2 站内设备巡检			
2.1 巡视起点（终点）	1. 在巡视入口、出口处标注"巡视起点"和"巡视终点"汉字标示。 2. 字体样式为：宋体、加粗、300mm	强制	
2.2 巡检路线图	1. 巡检路线颜色为绿色，主要由虚线、直线箭头、直角箭头组成。 2. 尺寸： 虚线：300mm×150mm（长×宽），间隔300mm。 直线箭头（直角箭头）：200mm×250mm（长度×宽度）	强制	

续表

区域/7S 要素	7S 要求	实施级别	参考图例
2.3 巡检点标示	1. 在每个设备对应巡检点用直径 400mm 黄底绿脚丫标示。 2. 需全面进行巡视的大型设备，可设置多个巡视点	强制	
2.4 室外巡视指导书	1. 巡视指导书原固定： 主变压器、110kV 区域采用托盘安装 其他站内设备采用固定设备支架、本体和围栏上。 2. 巡检作业指导书内容主要包括巡检项目、巡检标准、巡检时间。 3. 巡视指导书的大小尺寸根据安装位置便于巡视人员查看，但单个升压站内的巡视指导书的尺寸要统一（建议室外的巡视指导书尺寸为 A3 或 A4）。 4. 巡视指导书可采用粘贴后卡箍和悬挂后螺栓固定等方式安装	强制	
3 警示标示			
3.1 电缆沟及盖板	1. 沿电缆沟两侧边缘高于地面 200mm 的地方刷宽 100mm 黄色警示线。 2. 在电缆沟盖板上刷宽 100mm 黄黑警示线。 3. 盖板正中有名称及编号	强制 指导	
3.2 防火墙地面标示	1. 防火墙正上方地面刷防火墙标示。 2. 底色为红色，长宽与防火墙尺寸保持一致。 3. 底漆正中位置刷防"××kV 防火墙××"字样，字体高度 150mm。例如：35kV 防火墙 001	强制	
3.3 接地线及接地扁铁	1. 在接地扁铁上刷黄绿警示漆，色带宽度 50mm，高度从地面往上 600mm。 2. 在接地扁铁上方悬挂接地标识牌	强制	

区域/7S 要素	7S 要求	实施级别	参考图例
3.3　接地线及接地扁铁	1. 在接地扁铁上刷黄绿警示漆，色带宽度 50mm，高度从地面往上 600mm。 2. 在接地扁铁上方悬挂接地标识牌	强制	
3.4　相序牌	在 110kV 母线架构两侧安装 500mm×70mm（高×宽）的相序牌，高度根据现场实际确定。	强制	
3.5　隔离开关操作把手	1. 在隔离开关操作把手张贴红色警示胶带，高度 400mm。 2. 在接地隔离开关操作把手张贴黄绿相间警示胶带，色带宽度 35mm，高度 400mm	强制	

区域/7S 要素	7S 要求	实施级别	参考图例
3.6 围栏	在无功补偿、站用变压器等装置围栏每根立柱上张贴红白相间警示胶带，高度自上而下 450mm	强制	
3.7 挡鼠板	1. 在二次设备室、SVG 室门口放置一块高 500mm 的挡鼠板，上边缘张贴一条宽 50mm 的黄黑警示带。 2. 挡鼠板中心有"当心绊倒"标示	强制	
3.8 避雷针	1. 避雷针 2000mm 高度以下刷红白相间警示标示。 2. 红白警示色带宽度为 100mm。 3. 悬挂"禁止攀登"安全警示标识。 4. 悬挂"止步、高压危险"的标示牌	强制	
3.9 井盖	1. 井盖无积尘，污渍。 2. 油池井盖刷黄色油漆。 3. 排水、消防井盖刷左起 45°向右倾斜黄黑相间线，线宽 100mm。 4. 井盖中部喷红色名称，对站内同一名称井盖进行统一编号	强制	
3.10 一次设备	1. 设备无积尘，无油污，见设备本色。 2. 无跑、冒、滴、漏现象，运行正常。 3. 有醒目设备名称。 4. 表计有目视化范围行迹。 5. 阀门有清晰、明确的标牌	强制	

区域/7S 要素	7S 要求	实施级别	参考图例
3.11 表计	1. 表计有目视化范围行迹。绿色区分正常范围，黄色区分报警范围，红色区分危险范围。 2. 行迹宽度 5mm，不得遮盖刻度线	指导	
3.12 事故放油阀	1. 放油阀及管道无积灰、污渍，见设备本色。 2. 放油阀功能完好。 3. 标牌完整，指向明确。 4. 事故放油阀一道阀门保持常开，二道门关闭，且有事故放油阀罩。阀门罩上有明确、清晰的名称和警示语"未经许可 禁止操作"。 5. 管道有介质流向和名称。 6. 管道放气阀有名称标签	强制	
4 设备标示			
4.1 设备双重设备名称	在设备本体合适位置统一张贴设备双重名称标示牌	强制	
4.2 管道阀门标示	在变压器放油阀、注油阀、呼吸器、瓦斯继电器、放电计数器、温控器处悬挂规格 70mm×80mm（高×宽）的标示牌	强制	

续表

区域/7S要素	7S要求	实施级别	参考图例
5 消防设施			
5.1 消防点检标示	1. 有灭火器标志牌500mm×200mm（长×高）。 2. 灭火器点检牌500mm×400mm（长×高）。 3. 标志牌、点检牌悬挂在灭火器上方。 4. 定期对消缺器材进行检查。 5. 泡沫灭火器身上应标志"不适用电火"字样	强制	
5.2 灭火器	1. 灭火器表面无积灰，无污渍，见设备本体。 2. 地面有防阻塞线，线内无阻碍物。 3. 室外摆放的手提式灭火器，原则配置灭火器箱；无配置箱的单支灭火器罩一个防护罩（有灭火器标示）。 4. 推车式根据灭火器尺寸大小统一配置防护罩（有灭火器标示），防止灭火器喷管老化。 5. 灭火器摆放处地面平整、灭火器摆放整齐		
5.3 消防沙箱	1. 消防沙箱表面无积灰、污渍，无掉漆，见主体红色。 2. 消防沙箱有白色醒目名称及火警电话。 3. 有消防沙箱说明书及消防锹和消防桶配置表。 4. 配备足够数量的消防锹、消防桶。 5. 消防沙箱有2/3以上的消防沙。 6. 消防沙箱旁配置灭火器		

区域/7S 要素	7S 要求	实施级别	参考图例
5.4 消防用品放置架	1. 站内主要设备旁边配置消防用品架。 2. 消防架目视无积灰，无掉漆，固定可靠。 3. 有消防架名称及火警电话 119 提示。 4. 根据实际情况配备足够的消防锹、消防桶。 5. 材质：不锈钢		
6 SVG/35kV 室外			
6.1 门	1. 门表面无积灰、无污渍、无掉漆。 2. 大门开关到位且有推、拉标识。 3. 无不必要的张贴物	强制	
6.2 禁止阻塞线	门外设置禁止阻塞线，颜色为黄色线条，线宽和间隔宽度均为 100mm，阻塞线左右边线宽度大于门宽度	强制	
6.3 防小动物挡板	1. 门口装设挡鼠板，挡鼠板规格：高度 500mm。 2. 挡板上边缘两侧张贴黄黑警示带，警示带规格：高度 100mm	强制	
	3. 挡鼠板两侧中心位置张贴"当心绊倒"标识	指导	
6.4 综合标识	1. 综合标识牌目视无尘，无污渍。 2. 综合标牌包含：功能室名称、责任部门、责任人，有禁止烟火、禁止使用无线电话、注意通风。综合提示牌下部位置（50mm）有火警电话119、急救电话120 及请您稍等片刻，关注上方安全警示标语，增加综合提示牌的实际使用效果。 规格尺寸：高度为 600mm，宽度为 400mm，材质铝塑板。 3. 规格尺寸：综合牌下方增设 50mm	强制	

续表

区域/7S 要素		7S 要求	实施级别	参考图例
7 SVG/35kV 室内				
7.1 安全出口		1. 门口处悬挂"安全出口"指示牌	强制	
		2. 安装位置：门框中间位置，上方100mm 处	指导	
7.2 环境		1. 整体干净整洁，地面无积水、积灰、杂物。 2. 区域划分合理，设施及物品定置定位清晰	强制	
7.3 制度展板		1. 门口处悬挂 SVG 室/35kV 室管理制度。 2. 展板规格：900mm×600mm，超薄灯箱＋透明亚克力材质。 3. 悬挂高度：展板下边沿距地面1400mm。 4. 与其他展板水平间距为 150mm	强制	
7.4 巡检作业书		1. 门口醒目位置悬挂 SVG/35kV 巡检作业指导书。 2. 展板规格：900mm×600mm，超薄灯箱＋透明亚克力材质。 3. 内容应包括：巡检项目、标准、周期和安全须知。 4. 悬挂高度：展板下边沿距地面1400mm。 5. 与其他展板水平间距为 150mm	强制	
7.5 操作说明书		1. 门口醒目位置悬挂 SVG 操作指导书。 2. 展板规格：900mm×600mm，超薄灯箱＋透明亚克力材质。 3. 内容应包括：操作步骤和安全注意事项。 4. 悬挂高度：展板下边沿距地面1400mm。 5. 与其他展板水平间距为 150mm	强制	

区域/7S要素	7S要求	实施级别	参考图例
7.6 防尘纱窗	1. 防尘纱窗无积灰，定期清理。 2. 通风口装设防尘纱窗。 3. 边框为不锈钢材质、纱窗为活性炭过滤网材质的防尘窗。 4. 纱窗规格：根据通风口大小确定。 5. 室外进风口装设弯向通风道	强制	
7.7 安全警戒线	1. 距离盘柜800mm处设置安全警戒线，颜色为黄色。 2. 警戒线规格：线宽为100mm	强制	
7.8 绝缘胶垫	1. 开关柜前方地面铺设绝缘胶垫。 2. 规格：厚度为30mm，宽度与开关柜保持一致	强制	
8 辅助设施			
8.1 检修平台	1. 检修平台统一编号，定置摆放，标识规格、字体一致。 2. 定置线距离检修平台边缘150mm，并标注小车进出方向，箭头宽度100mm。 3. 检修平台摆放位置合理，不占通道，移动归位方便	指导	
8.2 轴流风机	1. 轴流风机安装防尘纱窗。 2. 轴流风机控制箱粘贴"启停控制温度"标签，开关按钮及灯光指示粘贴名称标签，标签规格、字体一致	强制	

4.3　二次设备室区域（含 400V 配电室、蓄电池室）

区域/7S 要素		7S 要求	实施级别	参考图例
1　二次设备室出入口				
1.1	门牌	1. 尺寸：315mm×125mm（长×宽）。 2. 字体要求：黑体、加粗、130 号字。 3. 门牌规格：双层可活动样式。外层为固定板，中间为活动板。 4. 门牌材质：外层固定板材质是：3mm 亚克力+丝网印铝条。中间活动板材质是：亚克力+uv 平板喷。 5. 安装在门框上方或左侧距离地面 1800mm 处	强制	
1.2	安全警示牌	1. 二次室门上或左侧墙面悬挂警示牌： （1）防护重点部位； （2）"禁止使用无线通信"； （3）"未经许可不得入内"； （4）"禁止烟火"； （5）"注意通风"。 2. 标志牌参数：采用五合一方式制作，高度 290mm、宽度为 315mm；单个标志牌参数：防火重点部位标牌高度 93.5mm、宽度 315mm，其他标牌的高度为 98.2mm、宽度为 157.5mm。 3. 综合提示牌下部位置（50mm）有火警电话 119、急救电话 120 及请您稍等片刻，关注上方安全警示标语；增加综合提示牌的实际使用效果	强制	
		4. 安装位置：安装在门的左侧墙面醒目位置，安装高度：距地面 1600mm	指导	
1.3	门	1. 门表面无积灰、无污渍、无掉漆。 2. 大门开关到位且有推、拉标识。 3. 无不必要的张贴物	强制	
1.4	禁止阻塞线	门外设置禁止阻塞线，颜色为黄色线条，线宽和间隔宽度均为 100mm，阻塞线左右边线宽度大于门宽度	强制	

区域/7S 要素	7S 要求	实施级别	参考图例
1.5　防小动物挡板	1. 门口装设挡鼠板，挡鼠板规格：高度500mm。 2. 挡板上边缘两侧张贴黄黑警示带，警示带规格：高度100mm。 3. 挡鼠板两侧中心位置张贴"当心绊倒"标识	强制	
1.6　手机存放箱	1. 材质：透明亚克力＋卡槽。 2. 展板底图为黑色禁止标识。 3. 标题为"进入×××前，请将通信工具存放于此"。 4. 每个存放手机的小格尺寸为： （1）长度10mm； （2）宽度1mm； （3）高度9mm	强制	
	5. 安装位置：安装在门的左侧墙面醒目位置，安装位置的上方有标志牌的，要保持中心线一致，安装高度：距地面1400mm	指导	
1.7　静电释放器	1. 静电释放器规格： （1）高度：1100mm； （2）触摸球直径：100mm； （3）钢管直径：63mm。 2. 静电释放器与接地网可靠连接，接地线截面积大于$4mm^2$。 3. 安装位置：静电释放器安装在二次设备室门口位置，满足方便使用和不影响通行要求	强制	
	4. 在静电释放器旁的墙面上悬挂"触摸消除静电"标识牌，标识牌安装高度1200mm	指导	
1.8　门	1. 活动门把手上方粘贴"推、拉"标识。标识高100mm，宽80mm，蓝色部分高70mm，白色部分高30mm。字体为黑体。 2. 固定门把手上方粘贴"固定门"标识。标识高100mm，宽60mm，字体为黑体	指导	

区域/7S 要素	7S 要求	实施级别	参考图例
2 二次室室内			
2.1 巡视线路	巡视线路颜色为绿色，由直线箭头、转弯箭头和直线段组成	强制	
2.2 巡视线路起点（终点）	1. 在巡视入口、出口处标注"巡视起点"和"巡视终点"汉字标识。 2. 字体规格为：宋体、加粗、80mm	强制	
2.3 巡视点	在巡视部位粘贴巡视点标识，巡视点为车贴材质	强制	
2.4 预留区域电缆沟盖板	1. 预留区域电缆沟盖板四周粘贴黄黑相间色带，宽100mm	强制	
	2. 在盖板上粘贴"禁止踩踏"标识	指导	

区域/7S 要素	7S 要求	实施级别	参考图例
2.5 屏柜安全警示线	在距离屏柜四周 200mm 处粘贴黄色警示线，警示线宽 100mm	指导	
2.6 电缆沟盖板	1. 在电缆沟盖板上刷宽度为 100mm 黄黑色警示线。 2. 警示线倾斜角为 45°	强制	
2.7 墙体接地扁铁	1. 在接地扁铁上方悬挂接地标识牌。 2. 接地扁铁开孔区域禁止刷漆，保留足够金属接触面	强制	

3 墙面

区域/7S 要素	7S 要求	实施级别	参考图例
3.1 管理制度	1. 管理制度目视无尘，无污渍。 2. 门口旁边显著位置悬挂管理制度。 3. 展板规格：900mm×600mm（高×宽），超薄灯箱＋透明亚克力材质。 4. 悬挂高度：展板下边沿距地面1400mm。 5. 悬挂内容： （1）二次室：二次室管理制度、二次室定置图、二次室巡视路线图； （2）蓄电池室：蓄电池室管理制度、蓄电池维护保养操作说明、蓄电池巡视作业指导书（图文并茂）； （3）400V室：400V室管理制度、400V系统图、400V室巡视作业指导书（图文并茂）、送电操作规程	强制	
3.2 火灾报警器	1. 火灾报警器统一编号，功能正常。 2. 火灾报警器上张贴"手动报警按钮非警勿动"标识。 3. 标识规格：100mm×100mm	强制	
3.3 窗台	1. 窗台目视无尘，无污渍。 2. 表面光洁的窗台（如瓷砖窗台）禁止铺设胶皮	强制	
	3. 抹灰窗台根据窗台尺寸放置绿色胶皮	指导	
3.4 空调	1. 空调干净无尘，定置摆放，无安全隐患。 2. 空调上粘贴设备主人，空调控制温度，二维码内容包括空调的主要技术参数	指导	

区域/7S 要素	7S 要求	实施级别	参考图例
3.5 插座	1. 插座标识内容有：插座型号，开关容量，额定电压，上一级控制电源编号。 2. 标识为白底黑字。 3. 蓄电池室使用插座为防爆型	强制	
3.6 排风扇控制箱	1. 配电箱表面无尘、无污渍。 2. 配电箱上方粘贴"照明及墙插电源箱"标识，尺寸：宽 100mm 长度按照配电箱长度调整，材质不干胶相纸。 3. 配电箱内部无积灰，无杂物。 4. 箱内控制开关标识清晰、控制指向明确。 5. 标签选用 12mm 色带，白底黑字	强制	
3.7 防爆灯	1. 防爆灯整体干净、无积尘，无污渍。 2. 无破损、缺失配件，功能完好。 3. 编号完整，无破损、缺失	强制	
3.8 消防设施	1. 消防设施齐全并配置日常点检表。 2. 消防设施完好，并有安全使用说明。 3. 有定位标识及禁止阻塞线	强制	
4 屏柜			
4.1 屏柜	1. 柜体干净、无污渍、无破损。 2. 柜内设备设备运行正常，无异声报警信号。 3. 盘眉干净整洁，盘眉文字内容与盘柜对应正确，字迹工整醒目。 4. 柜门开关锁无损坏、柜门开关正常；锁上有防触电安全标示，"打开柜门安全要点"提示	强制	

区域/7S要素	7S要求	实施级别	参考图例
4.2 保护压板	1. 出口压板为红底黑字，功能压板为黄底黑字。 2. 字体为宋体。 3. 柜体显著位置张贴保护压板投退说明和投退示意图，规格150mm×100mm（长×高）	强制	
4.3 巡检作业书	1. 在屏柜玻璃左上角张贴规格150mm×100mm设备巡检作业指导书。 2. 字体为宋体。 3. 巡视指导书内容应包括：巡检部位照片、巡检标准、各类警示灯、空开和表计参考值	强制	
4.4 屏柜编号	1. 在屏柜玻璃右上角统一高度张贴屏柜编号。 2. 编号牌为圆形蓝底黑字，直径100mm，字体为黑体	指导	
4.5 柜内	1. 柜内无杂物，无异声、异味。 2. 柜内二次接线要求衡平竖直，无交叉，无积灰。 3. 各模块操作位有名称标签及操作说明。 4. 各接线有可靠的标牌，标牌内容：线名、接入、接出模块名称、线长。 5. 号牌悬挂统一高度。 6. 定期对控制柜内的电器元件进行清灰，并检查线接头有无闪络	强制	

区域/7S 要素	7S 要求	实施级别	参考图例
4.6 柜后门	柜体后门粘贴"带电设备 请勿触摸"或"止步 高压危险"警示牌	强制	
5 电池组			
电池	1. 电池组目视无积尘、无污渍、无漏液。 2. 编号完整，无破损、缺失。 3. 护盖完整、无损，无缺失。 4. 电池组有巡检项目指导书	强制	

4.4 仓库区域

区域/7S 要素	7S 要求	实施级别	参考图例
1. 仓库入口			
1.1 门牌	1. 尺寸：315mm×125mm（长×宽）。 2. 字体要求：黑体、加粗、130 号字。 3. 门牌规格：双层可活动样式。外层为固定板，中间为活动板。 4. 门牌材质：外层固定板材质是：3mm 亚克力+丝网印铝条。中间活动板材质是：亚克力+uv 平板喷。 5. 安装在门框上方或左侧距离地面1800mm 处。 6. 内容"主控室"	强制	

区域/7S要素	7S要求	实施级别	参考图例
1.2　安全警示牌	1. 仓库门上或左侧墙面悬挂警示牌： （1）防护重点部位； （2）"未经许可不得入内"； （3）"禁止吸烟"	强制	
	2. 标志牌参数：采用三合一方式制作，高度190mm，宽度为315mm；单个标志牌参数：防火重点部位标牌高度93.5mm、宽度315mm，其他标牌的高度为95.5mm、宽度为157.5mm。 3. 安装位置：安装在门的左侧墙面醒目位置，安装高度：距地面1600mm。 4. 综合提示牌下部位置（50mm）有火警电话119、站内火警电话，关注上方安全警示标语；增加综合提示牌的实际使用效果	指导	
1.3　门窗	1. 活动门把手上方粘贴"推、拉"标识。标识高100mm，宽80mm，蓝色部分高70mm，白色部分高30mm。字体为黑体。 2. 固定门把手上方粘贴"固定门"标识。标识高100mm，宽60mm，字体为黑体。 开关到位且有"推拉"标识；门面干净无尘，无不必要张贴物。 3. 地面有明显门迹显示，门迹为红白相间圆点组成，直径20mm。 4. 有门槛（突出物）部分，粘贴安全警戒线，由黄黑颜色组成。 5. 门窗玻璃干净明亮，窗台上无杂物（除盆栽）摆放。 6. 门窗玻璃无乱贴现象。 7. 门窗机构完好，无损坏、锈蚀	强制	
2　室内			
2.1　室内地面	1. 有高差的地方应有明显的防绊提示且标准统一。 2. 地面无破损、坑洼。 3. 地面无积水、积灰、油渍。 4. 地面无纸张、碎屑及其他杂物。 5. 地面无烟蒂、痰迹。 6. 门口有"请在线外等候　谢谢合作"的警戒线和警示语	强制	

区域/7S 要素		7S 要求	实施级别	参考图例
2.2	墙面	1. 破损、脱落。 2. 墙面保持干净，无蜘蛛网、积尘。 3. 墙面无乱涂、乱画、乱贴。 4. 墙面无渗水、脱漆。 5. 墙面无手脚印，陈旧标语痕	强制	
2.3	通道	1. 划分明确，保持通畅，无障碍物，不占道作业。 2. 两侧物品不超过通道线。 3. 通道线及标识保持清晰完整，无破损。 4. 应急通道指示醒目，无堵	强制	
2.4	区域划分	1. 仓库和工具间内有明显的区域划分。 2. 区域按设备或工具特点有特定划分，如大件、小件、常用、专用等。 3. 区域线清晰可见，有明确的区域说明。 4. 物架存在区域应采取分区、分架、分层划分，有相应的区域指示，查找快捷	强制	
2.5	验收区域	1. 验收区域整齐、干净。 2. 验收区域内有明确的待验、验收中、验收完毕区域划分。 3. 验收区域划分区域线完好，无缺失和破损	强制	
2.6	天花板	1. 保持干净，无脏污。 2. 没有无关悬挂物。 3. 照明设施完好，灯罩内无积灰和破损。 4. 天花板无渗漏，无脱落、掉漆，无蛛网	强制	
2.7	管线	1. 线管固定得当，管线整齐，不随意散落地面，无悬挂物。 2. 电源线、数据线等应有明确分类和整理。 3. 房间内管线尽量利用线槽、扎带、定位贴等采取隐蔽走线方式	强制	

续表

区域/7S 要素	7S 要求	实施级别	参考图例
2.8 仓库平面布置图	1. 仓库、工具间内必须配置正确对应的平面布置图，口悬挂定置图。 2. 布置图必须及时更新。 3. 布置图无破损、脱落。 4. 布置图内应有明确的区域用途说明。 5. 按照物品的性能合理分区，明确存放区域标识，危险品单独存放并有安全警示	强制	
2.9 运输工具及量具	1. 保持表面干净及功能完好。 2. 定位停放，停放区域划分明确，标识清楚。 3. 应在部门标识和编号。 4. 应有责任人，有日常点检记录	强制	
2.10 货架	1. 按类别、功能划分区域，标识清楚，定置管理，明确责任人。 2. 物资按"五号（库号、架号、区号、层号、位号）"定位原则定位，摆放合理，物品分类定置与标识对应，并记入账卡，货架干净，无垃圾、杂物。 3. 物资摆放形迹线清晰。 4. 根据物资特性，可采用具有特性化的摆放方式，如将易散物品串起摆放。 5. 小物件、小零件分类分格摆放，并配上备品备件标识，物资的摆放一目了然。 6. 合理利用收纳盒进行物资收集整理，保证取用方便，干净、整齐存放	强制	
2.11 清洁用品	1. 清洁用具干净整洁。 2. 清洁用具建议合理规划位置进行定制摆放，标签明确	强制	

区域/7S要素	7S要求	实施级别	参考图例
2.12 物资管理	1. 备品备件干净整洁，无油污、生锈。 2. 备品备件按规定定期保养，保持性能良好，状态可用。 3. 精密仪器、仪表、量具应保存在规定温度范围内。 4. 不合格的物资应明确标识，隔离放置。 5. 物资分类摆放整齐。 6. 物资摆放定位规范，有明显的空间分区和隔离。 7. 物资摆放采取分层、分机构式摆放，比如采取库位—架位—层位货位等方式。 8. 标识整齐、准确，无遗漏（名称、规格、单位、数量、用途）。 9. 在收、发料后及时调整标识牌的库存数量确保账卡物一致。 10. 物资摆放有目视化管理，做到定量管理和提示。 11. 物资摆放应充分考虑环境因素，比如大件物品摆放靠近出口和通道外，便于取放。 12. 物资摆放需做到"五五"码放	强制	
2.13 物资出入库	1. 物资验收区整齐、干净。 2. 物资验收合格后，分类存放上架，并做好记录。 3. 物资编码清晰，录入物资管理系统。 4. 在收、发物资后，调整物料卡上的库存数量	强制	
2.14 制度展板	1. 仓库管理制度和出入库管理流程。 2. 展板尺寸根据实际确定，规格为超薄灯箱＋透明亚克力。 3. 悬挂高度：展板下边沿距地面1400mm	强制	

4.5 班组区域 （含班组办公室、 工器具室、 控制室 ）

区域/7S 要素	7S 要求	实施级别	参考图例
1 班组办公室			
1.1 门牌	1. 尺寸：315mm×125mm（长×宽）。 2. 字体要求：黑体、加粗、130 号字。 3. 门牌规格：双层可活动样式。外层为固定板，中间为活动板。 4. 门牌材质：外层固定板材质是：3mm 亚克力+丝网印铝条。中间活动板材质是：亚克力+uv 平板喷。 5. 安装在门框上方或左侧距离地面 1800mm 处	强制	
1.2 整体布局	1. 整体布局合理，营造温馨舒适的办公环境，物品定置定位清晰。 2. 地面干净、整洁，无垃圾、无积水、无杂物。 3. 办公室各天花板及墙角无破损、无蜘蛛网和积尘。 4. 地面有高差的地方应有明显的防绊提示且标准统一	指导	
1.3 大门及墙面	1. 办公室大门开关到位且有开关标识，门面干净无灰尘，无不必要的张贴物。 2. 办公室地面有明显的门迹显示，门迹线为红白相间的圆点组成，直径为 20mm。 3. 有门槛（突出物）的部分，粘贴安全警戒线，警戒线由黄黑颜色组成。 4. 墙身无破损、脱落，墙面保持干净，无蜘蛛网、积尘。 5. 墙面无乱涂、乱画、乱贴，墙面无手脚印，无陈旧标语痕迹	强制	
1.4 天花板	1. 保持干净，无脏污。 2. 没有无关悬挂物。 3. 照明设施完好，灯罩内无积灰和破损。 4. 天花板无渗漏，无脱落、掉漆，无蛛网	强制	

区域/7S 要素	7S 要求	实施级别	参考图例
1.5　办公桌椅	1．桌面干净无灰尘、杂物，除正在使用物品外，其他物品摆放整齐 2．与正进行的工作无关的物品应及时放归原位，椅背不挂放衣物 3．桌面物品定位摆放，采用隐形标识，一个区域内相对统一，桌面物品原则性应控制在 7 个以内 4．人员离开 10min 以上时，椅子复归原位	强制	
	5．抽屉按存放物品用自由隔板或泡沫板分类，标识清晰	指导	
	6．个人信息卡：公司统一模板，主要内容有部门、姓名、职位、电话、座右铭。卡座粘贴或立式桌牌，同一区域保持一致	强制	
	7．个人电脑粘贴统一标示，主要内容有编号、IP 地址、使用时间。二维码内容包括：编号，IP 地址，CPU 型号，硬盘大小，显示器型号，主机型号，购入日期，使用日期		
1.6　盆栽	1．盆栽容器干净。 2．办公室绿色植物定置摆放。 3．有明确的管理责任人。 4．有花卉名称及养植介绍和植物习性标识。 5．设置接水盆。 6．盆栽叶子保持干净，无枯死	强制	

区域/7S 要素	7S 要求	实施级别	参考图例
1.7 文件柜	1. 文件柜分类标识清楚，编号统一，责任人明确。 2. 编号标签尺寸为直径 100mm 圆，蓝底白字。 3. 保持文件柜洁净，柜顶无积尘、杂物 4. 文件夹（盒）粘贴行迹标签，文件盒内设置文件目录，文件目录完整清楚，及时更新	强制	
	5. 文件柜内存放的物品要分类摆放，使用黄色胶带进行区域划分，粘贴分类名称	指导	
	6. 文件柜左上角粘贴公司统一标识，明确责任人	强制	
1.8 资料	1. 夹（盒）内文件定期清理、归档。 2. 文件夹（盒）保持干净。 3. 无过期、无效文件存放。 4. 文件定期归入相应义件夹（盒）。 5. 文件有卷内目录	强制	
1.9 公共办公设备	1. 办公设备摆放合理，有清晰的隐形标志定位。 2. 办公设备保持干净整洁，有维修保养指导书。 3. 打印机标签需明确：编号、使用时间，二维码内容包括：设备型号、连机方式（网络/单机）、额定功率、使用时间、责任人。 4. 传真机标签需明确：编号、使用时间，二维码内容包括：设备型号、传真号码、额定功率、使用时间、责任人。 5. 碎纸机标签需明确：编号、使用时间，二维码内容包括：设备型号、额定功率、使用时间、责任人。 6. 其他办公设备的标签需明确物品的基本信息，如：编号、使用时间，二维码内容包括：型号、额定功率、责任人等	强制	

区域/7S 要素	7S 要求	实施级别	参考图例
1.10 公共区域	1. 公共办公区桌面整洁，无灰尘	指导	
	2. 公共办公区域桌面物品设备摆放合理，有清晰的隐形标志定位	强制	
	3. 公共办公区设有专人负责	指导	
1.11 电源线	1. 机箱目视无尘，无污渍。 2. 各类线路进行集束，确保不散乱。 3. 电源控制对象标识明确。 4. 电源插板及多余线整理至收纳盒	强制	
1.12 看板/制度	1. 上墙制度展板包括：定期工作、工作计划、工作流程等。 2. 展板干净、无尘，无污渍。 3. 规格为：超薄灯箱＋透明亚克力、尺寸：900mm×600mm（高×宽）	指导	
	4. 部门有相应的管理看板，版面设置合理，标题明确，内容充实，及时更新	强制	
	5. 展板版面设置美观、大方，无不雅和反动内容，无过期张贴物，张贴物无破损和脱落情况	强制	
	6. 展板建议规格：超薄灯箱＋透明亚克力、尺寸：1000mm×2000mm（高×长）	指导	

区域/7S 要素	7S 要求	实施级别	参考图例
1.13 着装	按着装规定穿戴服装、佩戴工作牌	强制	
1.14 行为规范	1. 工作期间不做与工作无关的事项。 2. 办公区域不高声喧哗和聚众吵闹。 3. 文明办公，无趴、倾等情况，坐姿文雅。 4. 无随意串岗、离岗现象。 5. 上班、开会无迟到、早退现象。 6. 开会时不交头接耳、打手机，尽量不要接听电话。 7. 遵守职业规范及礼仪	强制	
2 主控室入口			
2.1 门牌	1. 尺寸：315mm×125mm。 2. 字体要求：黑体、加粗、130 号字。 3. 门牌规格：双层可活动样式。外层为固定板，中间为活动板。 4. 门牌材质：外层固定板材质是：3mm 亚克力＋丝网印铝条。中间活动板材质是：亚克力＋uv 平板喷。 5. 安装在门框上方或左侧距离地面 1800mm 处。 6. 内容"主控室"	强制	
2.2 安全警示牌	1. 主控室门上或左侧墙面悬挂警示牌： （1）防火重点部位； （2）"未经许可不得入内"； （3）"禁止吸烟"	强制	
	2. 标志牌参数：采用三合一方式制作，高度为 190mm，宽度为 315mm；单个标志牌参数：防火重点部位标牌高度为 93.5mm、宽度为 315mm，其他标牌的高度为 95.5mm，宽度为 157.5mm。 3. 安装位置：安装在门的左侧墙面醒目位置，安装高度：距地面 1600mm	指导	

区域/7S要素	7S要求	实施级别	参考图例
2.3　门	1. 活动门把手上方粘贴"推、拉"标识。标识高100mm，宽80mm，蓝色部分高70mm，白色部分高30mm。字体为黑体。 2. 固定门把手上方粘贴"固定门"标识。标识高100mm，宽80mm，字体为黑体。开关到位且有"推拉"标识；门面干净无灰尘，无不必要的张贴物。 3. 地面有明显的门迹线显示，门迹线为红白相间的圆点组成，直径为20mm。 4. 有门槛（突出物）的部分，粘贴安全警戒线，警戒线由黄黑颜色组成	指导	
3　主控室内			
3.1　整体环境	1. 地面平整无灰尘杂物。 2. 消防器材定置摆放。 3. 座椅摆放整齐。 4. 工器具柜按照序号摆放整齐。 5. 地面摆放物品需做定置	强制	
3.2　上墙看板	1. 显著位置悬挂升压站主接线图、风机布局图、两票三制和安全工器具管理制度。 2. 规格为超薄灯箱＋透明亚克力。 3. 悬挂高度：展板下边沿距地面1400mm	强制	
3.3　监控桌	1. 桌面文件装入文件盒，桌面物品定置摆放。 2. 监控电脑摆放整齐，标签清晰。 3. 监控桌内部线路横平竖直，并用束线管束线	指导	

区域/7S 要素	7S 要求	实施级别	参考图例
3.4　电脑等设备	1. 办公设备摆放合理，有清晰的隐形标志定位。 2. 办公设备保持干净整洁，张贴维修保养说明书。 3. 打印机标签需明确：编号、责任人。二维码内容包括：设备型号、连机方式（网络/单机）、额定功率、安装时间、安装时间。 4. 传真机标签需明确：编号、传真号码、责任人。二维码内容包括：设备型号、传真号码、额定功率、安装时间、责任人。 5. 碎纸机标签需明确：编号、责任人。二维码内容包括：设备型号、额定功率、安装时间。 6. 其他办公设备的标签需明确物品的基本信息，如：编号、使用时间。二维码内容包括：型号、额定功率、责任人等	强制	
3.5　钥匙柜	1. 钥匙柜分为常用钥匙柜、外借钥匙柜和应急使用钥匙柜。 2. 钥匙分类定置存放，有借用记录。 3. 钥匙和存放位置有对应标识	强制	
3.6　消防监测设备	1. 设备定置摆放，无不必要张贴物，表面无污物。 2. 设备上方墙面悬挂消防设备布局图和消防管理制度。 3. 综合楼烟感灭火器统一编号，与布局图内的对应一致	强制	
4　工器具室			
4.1　门牌	1. 尺寸：315mm×125mm（长×宽）。 2. 字体要求：黑体、加粗、130 号字。 3. 门牌规格：双层可活动样式。外层为固定板，中间为活动板。 4. 门牌材质：外层固定板材质是：3mm亚克力+丝网印铝条。中间活动板材质是：亚克力+uv 平板喷。 5. 安装在门框上方或左侧距离地面1800mm 处。 6. 内容"工器具室"	强制	

区域/7S 要素	7S 要求	实施级别	参考图例
4.2　安全警示牌	1. 门上或左侧墙面悬挂警示牌： （1）防护重点部位； （2）"未经许可不得入内"； （3）"禁止吸烟"	强制	
	2. 标志牌参数：采用三合一方式制作，高度190mm，宽度为315mm；单个标志牌参数：防火重点部位标牌高度93.5mm、宽度315mm，其他标牌的高度为95.5mm，宽度为157.5mm。 　3. 安装位置：安装在门的左侧墙面醒目位置，安装高度：距地面1600mm 　4. 综合提示牌下部位置（50mm）有火警电话119、急救电话120及请您稍等片刻，关注上方安全警示标语；增加综合提示牌的实际使用效果	指导	
4.3　门窗	1. 活动门把手上方粘贴"推、拉"标识。标识高100mm，宽80mm，蓝色部分高70mm，白色部分高30mm。字体为黑体。 　2. 固定门把手上方粘贴"固定门"标识。标识高100mm，宽60mm，字体为黑体。 开关到位且有"推拉"标识；门面干净无灰尘，无不必要的张贴物。 　3. 地面有明显的门迹线显示，门迹线为红白相间的圆点组成，直径为20mm。 　4. 有门槛（突出物）的部分，粘贴安全警戒线，警戒线由黄黑颜色组成。 　5. 门窗玻璃干净明亮，窗台上无杂物（除盆栽）摆放。 　6. 门窗玻璃无乱贴现象。 　7. 门窗机构完好，无损坏和锈蚀	强制	
4.4　地面	1. 有高差的地方应有明显的防绊提示且标准统一。 2. 地面无破损、坑洼。 3. 地面无积水、积灰、油渍。 4. 地面无纸张、碎屑及其他杂物。 5. 地面无烟蒂、痰迹	强制	
4.5　墙面	1. 破损、脱落。 2. 墙面保持干净，无蜘蛛网、积尘。 3. 墙面无乱涂、乱画、乱贴。 4. 墙面无渗水、脱漆。 5. 墙面无手脚印，陈旧标语痕	强制	

续表

区域/7S 要素	7S 要求	实施级别	参考图例
4.6　天花板	1. 保持干净，无脏污。 2. 没有无关悬挂物。 3. 照明设施完好，灯罩内无积灰和破损。 4. 天花板无渗漏，无脱落、掉漆，无蛛网	强制	
4.7　工器具出入记录	1. 在借出、归还工器具中进行登记。 2. 记录内容上：工具名称、型号、日期、班组、借出人、记录人	强制	
4.8　制度展板	1. 工器具管理制度。 2. 展板尺寸根据实际确定，规格为超薄灯箱＋透明亚克力。 3. 悬挂高度：展板下边沿距地面 1400mm	强制	
4.9　工器具柜	1. 柜体表面无尘、无污渍，玻璃窗明亮。 2. 柜面标识明确，与柜内分类对应。 3. 柜内物品分类摆放，明确品名。 4. 各类工具应保持完好、清洁，保证使用性。 5. 各类工具使用后及时归位，有形迹化管理。 6. 工器具摆放整齐，检验标签无缺损并且检验日期清晰可见。 7. 柜内张贴安全工器具清单，包括名称、型号、数量、负责人等	强制	

4.6　生产附属区域

区域/7S 要素	7S 要求	实施级别	参考图例
1　宿舍			
1.1　走道	1. 地面平整，地面无垃圾、杂物。 2. 保持空气清新。 3. 走道上不得晾晒衣物、停放洗衣机	强制	

区域/7S 要素	7S 要求	实施级别	参考图例
1.2 文化牌	1. 在走道适当设立公司文化牌、员工展示牌等，员工展示牌内容可选择摄影、旅游活动、家乡风景、美食等。 2. 尺寸 900mm×600mm（高×宽），规格为超薄灯箱＋透明亚克力。 3. 悬挂高度：展板下边沿距地面1400mm。 4. 文化牌尺寸如需变动，提交张贴物悬挂申请单，经企划部审核后悬挂	指导	
1.3 安全指引	走道有清晰的逃生安全指引标识，为背光或反光材质	强制	
1.4 走廊照明控制开关	1. 走廊照明完好、有控制区域标识及节能提示。 2. 节能提示"随手关灯　节能环保"尺寸根据面板上沿大小确定，材质选择12mm 白底黑字标签机。 3. 控制指向使用 18mm 白底黑字标签机，长度不遮挡面板开关标识	强制	
1.5 门	1. 门牌标识干净、无污渍，无破损。场站保持统一，门表面干净无乱张贴	强制	
	2. 门牌标明室内居住人姓名和照片	指导	
1.6 看板	1. 墙面显著位置张贴消防安全疏散图。 2. 墙面显著位置张贴宿舍定置图	强制	

区域/7S 要素	7S 要求	实施级别	参考图例
1.7　床	1. 床铺干净、整齐，床单、枕巾干净，无污垢。 2. 每日起床后被子叠放整齐。 3. 床铺上不允许放入其他东西	强制	
1.8　桌面	表面完好，干净，无污渍、杂物，每日保洁 1 次	强制	
1.9　抽屉	标明责任人及内容物分类，如：遥控器、私人物品、参考书籍等	强制	
1.10　衣柜	1. 干净，无污渍、污垢。 2. 有明确的责任人。 3. 内部衣物摆放整齐，分类明确	强制	
1.11　清洁用具	1. 垃圾桶统一摆放在宿舍门后的角落。 2. 垃圾桶完好，外表干净、无污渍、垃圾不超过 1/2，垃圾桶每日清洁 1 次。 3. 清扫工具整齐摆放，拖把、扫帚、抹布挂放，区域及定位标识清晰	强制	

区域/7S 要素	7S 要求	实施级别	参考图例
1.12 洗漱用品平台	1. 平台干净、整洁，无污渍、污垢。 2. 洗漱用品表面干净，分类明确，摆放整齐	强制	
1.13 热水器	1. 完好可用，干净。 2. 无水时及时关掉，每周清洁 1 次	强制	
1.14 床头柜	1. 柜子表面干净，无污渍，上面摆放整齐。抽屉里的需要物品进行分类标识并摆放整齐，卫生干净。 2. 标明责任人	强制	
1.15 饮水机/电热水壶	完好可用，干净，无污渍，每日进行 1 次擦拭	强制	
1.16 室内管线、暖气片	1. 完好可用，卫生干净。 2. 管线和暖气片不用许放置其他物品，每周进行清洁	强制	

区域/7S 要素	7S 要求	实施级别	参考图例
1.17 洗漱镜	1. 镜面干净、完好，无破损、无水渍。 2. 每日洗漱完后擦拭并保持干净	强制	
1.18 马桶	1. 保证功能齐全，保持干净、整洁。 2. 马桶右侧的废纸篓里，不允许放置其他物品，每日保洁 1 次	强制	
1.19 窗子、窗台	窗户玻璃干净、完好，无破损，无污垢，窗台干净，无杂物、污垢，每个星期保洁 1~2 次	强制	
1.20 电视机	完好可看，表面干净，屏幕无灰尘、污渍，定期做好清洁	强制	
1.21 鞋架	摆放整齐，鞋架和鞋子干净、无杂物	强制	

区域/7S要素	7S要求	实施级别	参考图例
1.22 洗脸池	设施完好、无破损，盆内无污垢、杂物。台面完好、无裂痕，无水垢、无积水，随时清理	强制	
1.23 凉衣架	干净，无污渍、污垢，无多余挂物	强制	
2 食堂入口			
2.1 门牌	1. 尺寸：315mm×125mm。 2. 字体要求：黑体、加粗、130号字。 3. 门牌规格：双层可活动样式。外层为固定板，中间为活动板。 4. 门牌材质：外层固定板材质是：3mm亚克力+丝网印铝条。中间活动板材质是：亚克力+uv平板喷。 5. 安装在门框上方或左侧距离地面1800mm。 6. 内容"职工餐厅"	强制	
2.2 门	1. 活动门把手上方粘贴"推、拉"标识。标识高100mm，宽80mm，蓝色部分高70mm，白色部分高30mm。字体为黑体。 2. 固定门把手上方粘贴"固定门"标识。标识高100mm，宽60mm，字体为黑体。开关到位且有"推拉"标识；门面干净无灰尘，无不必要的张贴物。 3. 地面有明显的门迹显示，门迹线为红白相间的圆点组成，直径为20mm。 4. 有门槛（突出物）的部分，粘贴安全警戒线，警戒线由黄黑颜色组成	强制	
3 就餐区域			

区域/7S 要素	7S 要求	实施级别	参考图例
3.1 环境	房顶、墙面、角落无蚊虫、蜘蛛网，地面无水渍污垢，干净整洁	强制	
3.2 展板	1. 张贴消防疏散图和食堂布局平面图和食堂管理制度。 2. 展板尺寸 900mm×600mm，规格为超薄灯箱＋透明亚克力。 3. 安装位置：从室内看为大门右侧墙面，距地面 1400mm，距门边框 300mm，展板水平间距 150mm	强制	
3.3 宣传标语	1. 悬挂宣传饮食健康相关知识展板，展板悬挂布局合理，高低一致。 展板尺寸 900mm×600mm，双层透明亚克力＋安装螺钉。 2. 距地高度 1400mm	强制	
3.4 电视机	1. 电视干净、无尘，功能完好。 2. 墙面悬挂电视机，要求机顶盒、遥控器定置摆放。 3. 电源线使用束线管绑扎，横平竖直。 4. 设备应有标识，明确编号、安装时间、责任人	强制	

区域/7S 要素		7S 要求	实施级别	参考图例
3.5	餐桌椅	1. 桌椅干净、无污渍。 2. 功能完好。 3. 餐桌椅分区、定置摆放、距离合理。餐桌上物品定置摆放	强制	
3.6	门窗玻璃	1. 玻璃干净，无水渍、灰尘。 2. 窗台干净、无杂物	强制	
3.7	用餐窗口	窗口处张贴"请自觉排队"标语，打卡机定置摆放	强制	
4　清洗区域				
4.1	水龙头	水龙头应标明热、冷水管方向，上部张贴节约用水标识	强制	
4.2	镜子	镜面干净、无水渍	指导	
4.3	清洗用品	清洗台应摆放清洗液等清洗用品，用品应定置摆放，及时添补	指导	

区域/7S 要素	7S 要求	实施级别	参考图例
5 厨房入口			
5.1 门	功能完好、目视无尘，有开关门形迹线，有"推拉"标识	强制	
5.2 门牌	1. 尺寸：315mm×125mm。 2. 字体要求：黑体、加粗、130 号字。 3. 门牌规格：双层可活动样式。外层为固定板，中间为活动板。 4. 门牌材质：外层固定板材质是：3mm 亚克力＋丝网印铝条。中间活动板材质是：亚克力＋uv 平板喷。 5. 安装在门框上方或左侧距离地面1800mm 处	强制	
5.3 门口标识	门口应张贴"厨房重地，闲人免进"的标牌	强制	
6 厨房区域			
6.1 操作台	操作台布局合理，食材分类、分区域摆放，明确区域名称，台面干净整洁	强制	
6.2 冷藏柜	1. 柜体表面无尘、无污渍。 2. 功能完好。 3. 冰箱、冰柜分区，按标识储存食物，保证食物卫生，杜绝交叉污染	强制	

区域/7S 要素	7S 要求	实施级别	参考图例
6.3 厨房设备	1. 厨房用具清洗消毒后立即归位，保持干净。 2. 切菜板、刀具、备餐台生熟食标识清晰，分类使用	强制	
6.4 操作设备	1. 设备摆放整齐合理，干净整洁。 2. 调味罐定期清洗，及时添补。 3. 电动及手动操作的设备（如压面机、厨灶等）应张贴操作规程和维护保养规范，电器设备要有可靠的接地	强制	
7 储藏室			
7.1 墙面、地面	储藏室保持干净整洁通风，无鼠、无虫。地面干净整洁，无杂物堆放	强制	
7.2 门牌	1. 尺寸：315mm×125mm。 2. 字体要求：黑体、加粗、130 号字。 3. 门牌规格：双层可活动样式。外层为固定板，中间为活动板。 4. 门牌材质：外层固定板材质是：3mm 亚克力＋丝网印铝条。中间活动板材质是：亚克力＋uv 平板喷。 5. 安装在门框上方或左侧距离地面1800mm 处	强制	
7.3 货架	货架布局合理、定置摆放，物品标示清晰可见	强制	
7.4 食品	各类食品原辅料分类、分架，隔墙、离地、加盖存放，标识清楚	强制	

区域/7S 要素	7S 要求	实施级别	参考图例
7.5　液化气存放区	1. 应隔离放置，盖板上刷黄黑相间的油漆线，线条宽度为 100mm，线条向左上方倾斜，角度为 45°。 2. 液化气隔离区外合适位置放置 2 具容量为 5kg 以上的干粉灭火器。 3. 液化气放置区明显位置放置"防护重点部位和禁止烟火"标识牌	强制	
7.6　人员要求	1. 食堂从业人员每年需进行健康检查，新参加工作人员必须取得健康证后方可参加工作。 2. 食堂从业人员工作期间应着厨师服	强制	
8　生消泵房入口			
8.1　门牌	1. 尺寸：315mm×125mm（长×宽）。 2. 字体要求：黑体、加粗、130 号字。 3. 门牌规格：双层可活动样式。外层为固定板，中间为活动板。 4. 门牌材质：外层固定板材质是：3mm 亚克力＋丝网印铝条。中间活动板材质是：亚克力＋uv 平板喷。 5. 安装在门框上方或左侧距离地面 1800mm 处	强制	
8.2　门	1. 活动门把手上方粘贴"推、拉"标识。标识高 100mm，宽 80mm，蓝色部分高 70mm，白色部分高 30mm。字体为黑体。 2. 固定门把手上方粘贴"固定门"标识。标识高 100mm，宽 60mm，字体为黑体。 开关到位且有"推拉"标识，门面干净无灰尘，无不必要的张贴物。 3. 地面有明显的门迹显示，门迹线为红白相间的圆点组成，直径为 20mm。 4. 有门槛（突出物）的部分，粘贴安全警戒线，警戒线由黄黑颜色组成	指导	

区域/7S 要素	7S 要求	实施级别	参考图例
8.3 禁止阻塞线	1. 门外设置禁止阻塞线，颜色为黄色线条，间隔宽度均为 100mm。 2. 左起 45°向右上倾斜	强制	
8.4 警示牌	门上或左侧墙面悬挂警示牌："未经许可 不得入内"警示牌	强制	
9 生消泵房内部			
9.1 环境	1. 干净、整洁、无污渍、无积水。 2. 设备标识明确	强制	
9.2 管理制度	1. 门口处悬挂生消泵房管理制度和设备定期轮换试验规定。 2. 展板尺寸 900mm×600mm（高×宽），规格为超薄灯箱＋透明亚克力	强制	
9.3 巡检指导书	1. 门口处悬挂设备巡检作业指导书；展板尺寸 900mm×600mm（高×宽），规格为超薄灯箱＋透明亚克力。 2. 内容包括巡检项目、巡检标准、巡检安全须知	强制	
9.4 操作规程	1. 门口处悬挂设备操作指导书。 2. 展板尺寸 900mm×600mm（高×宽），规格为超薄灯箱＋透明亚克力。 3. 内容包括操作顺序、操作注意事项	强制	

区域/7S 要素	7S 要求	实施级别	参考图例
9.5 设备系统图	1. 门口处悬挂设备操作指导书。 2. 展板尺寸 900mm×600mm（高×宽），规格为超薄灯箱＋透明亚克力。 3. 内容包括操作顺序、操作注意事项	强制	
9.6 控制柜	1. 控制柜表面干净，无污物。 2. 控制柜柜眉张贴高度统一，字迹清晰。 3. 各类指示灯功能正常，标签清晰、准确	强制	
10 场区环境			
10.1 垃圾箱	1. 表面干净，无破损，周围无杂草。 2. 应编号、定置摆放、标识清晰。 3. 垃圾及时清理，不超过容积 3/4	强制	
10.2 绿化带	1. 场区绿化带内无废纸、塑料袋、烟头、杂草等	强制	
	2. 场区外围绿化带，应设置围栏，防止羊群啃食。 3. 有相应行为规范的温馨提示，如防止踩踏草坪、保护环境清洁等提示语	指导	

区域/7S 要素	7S 要求	实施级别	参考图例
10.3 停车场	1. 地面干净整洁，无杂物、积水、垃圾。 2. 标识牌清晰，车位区域应划线并编号。 3. 车辆按照规定指向停放，不得越线、压线。 4. 标示线宽 100mm，颜色为黄色。 5. 检修车辆车位规格：2800mm×5500mm（宽×长）。 6. 检修车辆、工程车辆使用完毕时定点停放	强制	
10.4 宣传橱窗	1. 干净整洁，无破损，无随意张贴物。 2. 宣传橱窗应设置在道路、办公楼等职工经常通行区域的旁边。 3. 内容定期更新，设计合理美观。 4. 规格：展板大小为 1200mm×2400mm，带遮雨棚，不锈钢材质，展板下边沿距地面 1200mm	强制	
10.5 旗台	1. 旗台颜色一般采用印红色。 2. 采用 3 支旗杆，旗杆高度在 8000～10000mm 之间。 3. 旗帜宽度应小于旗杆间距，应设置国旗、华电集团旗帜、华电国际旗帜。国旗局中且高度突出（突出 300～500mm），华电集团和华电国际旗帜两侧依次排列	强制	

区域/7S 要素	7S 要求	实施级别	参考图例
10.6 路灯	1. 分布合理，无照明死角。 2. 光线分布均匀，照明适宜。 3. 完好可用，无遮盖，无张贴物。 4. 统一规范编号，定期维护。 5. 接地线可靠连接。	强制	
	6. 路灯上安装宣传展板	指导	
10.7 建筑物	1. 外表应完好，无破损，干净整洁，色调统一，无不必要张贴物。 2. 地面及台阶干净整洁，无杂物、积水、垃圾。 3. 门窗玻璃无破损，干净明亮。 4. 大门玻璃装设防撞条，防撞条无脱色、脱落现象。 5. 外墙上的辅助设施应统一设置，美观整洁，无安全隐患	强制	
10.8 养殖区	1. 设置标示牌，标示牌注明养殖动物种类、责任人以及该动物的简要介绍。 2. 标示牌尺寸：420mm×300mm（长×高），下边沿距地高度 1400mm。 3. 保持养殖区环境卫生，定期对圈舍进行清洁消毒	指导	
10.9 种植区	1. 设置标示牌，标示牌注明种植作物种类、责任人以及该作物的简要介绍。 2. 标示牌尺寸：420mm×300mm（长×高），下边沿距地高度 1400mm。 3. 种植区内无废纸、废塑料袋、烟头、杂草等	指导	
11 检修道路			
11.1 路面	路面平整、夯实，在表面铺碎石子	强制	

区域/7S 要素	7S 要求	实施级别	参考图例
11.2 路面宽度	1. 风场直行道路宽度应不小于 8m。 2. 对于有较小转弯半径弯曲道路，因适当加宽道路，满足风机设备运输车辆行驶要求	强制	
11.3 道路最小转弯半径	检修道路的最小转弯半径应根据所运输的设备进行确定	强制	
11.4 道路最大坡度	检修道路最大坡度因不大于 20°	强制	
11.5 道路标示牌	1. 道路岔路口安装风机机位指示路牌。 2. 陡坡、急弯及事故多发路段安装限速标示牌。 3. 急转弯处安装急转弯标识牌。 4. 连续下坡处提前 10m 安装连续下坡标识牌	指导	 向左急弯路

区域/7S 要素	7S 要求	实施级别	参考图例
11.6 道路反光隔离柱	对于道路旁有深沟、悬崖、陡坡的路段，应设置道路反光隔离柱	强制	
12 活动室			
12.1 门	1. 门牌统一，标识清晰。 2. 门应有"推""拉"标识	强制	
12.2 制度	1. 制度板目视无尘，无污渍。 2. 制度尺寸 900mm×600mm（高×宽），规格为超薄灯箱＋透明亚克力。 3. 内容包括活动室管理要求	强制	
12.3 看板	1. 有逃生路线图。 2. 有 7S 区域清扫责任表、值日表	强制	
	3. 有安全注意事项、健身知识等	指导	
	4. 安全教育室悬挂"安全教育室管理制度""安全警示语""十条禁令"和"九项规定"等安全警示展板	强制	

区域/7S 要素	7S 要求	实施级别	参考图例
12.4　地面	1. 地面平整，无破损、凹坑等。 2. 地面无垃圾、水渍、杂物。 3. 定期通风，保持空气清新	强制	
12.5　窗户	窗台上不摆放杂物，无不符合要求的张贴物	强制	
12.6　墙壁、天花板	1. 墙壁干净清洁，无破损。 2. 墙上不随意悬挂、张贴无关物品。 3. 规定必须悬挂、粘贴的标识、看板等物品，应按规定的方法悬挂在指定的位置。 4. 天花板干净清洁，无破损，无蜘蛛网，色调统一	强制	
12.7　开关	1. 照明完好、有控制区域标识及节能提示。 2. 节能提示"随手关灯　节能环保"尺寸根据面板上沿大小确定，材质选择12mm白底黑字标签机。 3. 控制指向使用 18mm 白底黑字标签机，长度不遮挡面板开关标识	强制	
12.8　消防设施	1. 消防设施齐全并配置日常点检表。 2. 消防设施完好，并有安全使用说明。 3. 有定位标识及禁止阻塞线	强制	

区域/7S 要素	7S 要求	实施级别	参考图例
12.9　借阅区	1. 书架编号、定位，整齐摆放，洁净无灰尘。 2. 书籍按专业分类、编目、登记。 3. 图书按照区、架、层整齐摆放。 4. 建立图书索引，其编号与位置一一对应	强制	
12.10　阅读区	1. 光线充足、照明均匀，防止阳光直晒。 2. 桌子摆放整齐，编号并定置；椅子宜采用隐形定位。 3. 桌面物品应定位	强制	
12.11　棋牌区	1. 桌子整齐摆放，编号并定置。 2. 柜子标识，明确责任人。 3. 棋类、扑克按照类别分层摆放，并有数量标识。 4. 定期清扫，保证桌椅等设施清洁可用	强制	
12.12　台球区	1. 台球桌面干净，球摆放整齐。 2. 配件齐全，无破损现象。 3. 台球杆专用架定置摆放，有标识并明确责任人。 4. 保证清洁、可用。 5. 椅子定位，并与台球桌保持一定距离	强制	
12.13　乒乓球区	1. 乒乓球桌面无灰尘，球网无破损。 2. 挡板摆放整齐，做到横平竖直。 3. 应用遮光设施，防止阳光直射	强制	

4.7 管理办公室区域

区域/7S 要素		7S 要求	实施级别	参考图例
1 班组办公室				
1.1	门牌	1. 尺寸：315mm×125mm（长×宽）。 2. 字体要求：黑体、加粗、130 号字。 3. 门牌规格：双层可活动样式。外层为固定板，中间为活动板。 4. 门牌材质：外层固定板材质是：3mm 亚克力＋丝网印铝条。中间活动板材质是：亚克力＋uv 平板喷。 5. 安装在门框上方或左侧距离地面 1800mm 处	强制	
1.2	整体布局	1. 整体布局合理，营造温馨舒适的办公环境，物品定置定位清晰。 2. 地面干净、整洁，无垃圾、无积水、无杂物。 3. 办公室各天花板及墙角无破损、无蜘蛛网和积尘。 4. 地面有高差的地方应有明显的防绊提示且标准统一	指导	
1.3	大门及墙面	1. 办公室大门开关到位且有开关标识；门面干净无灰尘，无不必要的张贴物。 2. 办公室地面有明显的门迹显示，门迹线为红白相间的圆点组成，直径为 20mm。 3. 有门槛（突出物）的部分，粘贴安全警戒线，警戒线由黄黑颜色组成。 4. 墙身无破损、脱落，墙面保持干净，无蜘蛛网、积尘。 5. 墙面无乱涂、乱画、乱贴，墙面无手脚印，无陈旧标语痕迹	强制	
1.4	天花板	1. 保持干净，无脏污。 2. 没有无关悬挂物。 3. 照明设施完好，灯罩内无积灰和破损。 4. 天花板无渗漏，无脱落、掉漆，无蛛网	强制	
1.5	办公桌椅	1. 桌面干净无灰尘、杂物，除正在使用物品外，其他物品摆放整齐。 2. 与正进行的工作无关的物品应及时放归原位，椅背不挂放衣物。 3. 桌面物品定位摆放，采用隐形标识，一个区域内相对统一，桌面物品原则性应控制在 7 个以内。 4. 人员离开 10min 以上时，椅子归还原位	强制	

区域/7S 要素	7S 要求	实施级别	参考图例
	5. 抽屉按存放物品用自由隔板或泡沫板分类，标识清晰	指导	
1.5　办公桌椅	6. 个人信息卡：公司统一模板，主要内容有部门、姓名、职位、电话、座右铭。卡座粘贴，办公桌立式桌牌，同一区域保持一致。 7. 个人电脑粘贴统一标示，主要内容有编号、IP 地址、使用时间。二维码内容包括：编号，IP 地址，CPU 型号，硬盘大小，显示器型号，主机型号，购入日期，使用日期	强制	
1.6　盆栽	1. 盆栽容器本身干净。 2. 办公室绿色植物定置摆放。 3. 有明确的管理责任人。 4. 有花卉名称及养植介绍和植物习性标识。 5. 设置接水盆。 6. 盆栽叶子保持干净，无枯死	强制	
1.7　文件柜	1. 文件柜分类标识清楚，责任人明确。 2. 保持文件柜洁净，柜顶无积尘、杂物。 3. 文件夹（盒）粘贴行迹标签，文件盒内设置文件目录，文件目录完整清楚，及时更新	强制	
	4. 文件柜内存放的物品要分类摆放，使用黄色胶带进行区域划分，粘贴分类名称	指导	
	5. 文件柜左上角粘贴公司统一标示，明确责任人	强制	

区域/7S 要素	7S 要求	实施级别	参考图例
1.8　资料	1. 夹（盒）内文件定期清理、归档。 2. 文件夹（盒）保持干净。 3. 无过期、无效文件存放。 4. 文件定期归入相应文件夹（盒）。 5. 文件有卷内目录	强制	
1.9　公共办公设备	1. 办公设备摆放合理，有清晰的隐形标志定位。 2. 办公设备保持干净整洁，张贴设备维修保养说明。 3. 打印机标签需明确：编号、使用时间。二维码内容包括：设备型号、连机方式（网络/单机）、额定功率、使用时间、责任人。 4. 传真机标签需明确：编号、使用时间。二维码内容包括：设备型号、传真号码、额定功率、使用时间、责任人。 5. 碎纸机标签需明确：编号、使用时间。二维码内容包括：设备型号、额定功率、使用时间、责任人。 6. 其他办公设备的标签需明确物品的基本信息，如：编号、使用时间。二维码内容包括：型号、额定功率、责任人等	强制	
1.10　公共区域	1. 公共办公区桌面整洁，无灰尘	指导	
	2. 公共办公区域桌面物品设备摆放合理，有清晰的隐形标志定位	强制	
	3. 公共办公区设有专人负责	指导	
1.11　电源线	1. 机箱目视无尘，无污渍。 2. 各类线路进行集束，确保不散乱。 3. 电源控制对象标识明确。 4. 电源插板及多余线整理至收纳盒	强制	

区域/7S 要素	7S 要求	实施级别	参考图例
1.12 看板/制度	1. 看板/制度干净、无尘，无污渍	指导	
	2. 上墙展板规格为：超薄灯箱＋透明亚克力、尺寸：900mm×600mm（高×宽）	强制	
	3. 上墙制度展板包括：定期工作、工作计划、工作流程等	指导	
	4. 部门有相应的管理看板，版面设置合理，标题明确，内容充实，及时更新。 5. 展板版面设置美观、大方，无不雅和反动内容，无过期张贴物，张贴物无破损和脱落情况	强制	
	6. 展板建议规格：超薄灯箱＋透明亚克力、尺寸：1000mm×2000mm（高×长）	指导	
1.13 着装	1. 按着装规定穿戴服装、佩戴工作牌规定穿戴服装、佩戴工作牌。 2. 工作期间衣着得体，无穿背心、拖鞋等不文明行为	强制	
1.14 行为规范	1. 工作期间不做与工作无关的事项。 2. 办公区域不高声喧哗和聚众吵闹。 3. 文明办公，无趴、倾等情况，坐姿文雅。 4. 无随意串岗、离岗现象。 5. 上班、开会无迟到、早退现象。 6. 开会时不交头接耳、打手机，尽量不要接听电话。 7. 遵守职业规范及礼仪	强制	

区域/7S 要素	7S 要求	实施级别	参考图例
1.15 消防设施	1. 消防设备目视无尘，消火栓玻璃干净、无污渍。 2. 消防设施齐全并配置日常点检表。 3. 消防设施完好，并有安全使用说明。 4. 灭火器有定位标识及禁止阻塞线。 5. 消火栓门锁功能完好	强制	

4.8 光伏区域

区域/7S 要素	7S 要求	实施级别	参考图例
1 分站房室内			
1.1 安全出口	1. 门口处悬挂"安全出口"指示牌	强制	
	2. 安装位置：门框中间位置，上方100mm 处	指导	
1.2 环境	1. 整体干净整洁，地面无积水、积灰、杂物。 2. 区域划分合理，设施及物品定置定位清晰	强制	

区域/7S 要素		7S 要求	实施级别	参考图例
1.3	制度展板	1. 门口处悬挂 SVG 室/35kV 室管理制度。 2. 展板规格：900mm×600mm，超薄灯箱＋透明亚克力材质。 3. 悬挂高度：展板下边沿距地面 1400mm。 4. 与其他展板水平间距为 150mm	强制	
1.4	巡视点	在巡视部位粘贴巡视点标识，巡视点为喷涂	强制	
1.5	安全警示线	在距离屏柜四周 200mm 处粘贴黄色警示线，警示线宽 100mm	指导	
1.6	电缆沟盖板	1. 在电缆沟盖板上刷宽度为 100mm 黄黑色警示线。 2. 警示线倾斜角为 45°	强制	
1.7	墙体接地扁铁	1. 在接地扁铁上方悬挂接地标识牌。 2. 接地扁铁开孔区域禁止刷漆，保留足够金属接触面	强制	

区域/7S 要素	7S 要求	实施级别	参考图例
1.8 火灾报警器	1. 火灾报警器统一编号，功能正常。 2. 火灾报警器上张贴"手动报警按钮非警勿动"标识。 3. 标识规格：100mm×100mm。 4. 安装消防电话	强制	
1.9 窗台	1. 窗台目视无尘，无污渍。 2. 表面光洁的窗台（如瓷砖窗台）禁止铺设胶皮	强制	
	抹灰窗台根据窗台尺寸放置绿色胶皮	指导	
1.10 分站房配电箱	1. 配电箱表面无尘、无污渍。 2. 配电箱上方粘贴标识，尺寸：宽100mm，长度按照配电箱长度调整。 3. 配电箱内部无积灰，无杂物。 4. 箱内控制开关标识清晰、控制指向明确。 5. 标签选用12mm，黄底黑字	强制	
1.11 消防设施	1. 消防设施齐全并配置日常点检表。 2. 消防设施完好，并有安全使用说明。 3. 有定位标识及禁止阻塞线	强制	
1.12 屏柜	1. 柜体干净、无污渍、无破损。 2. 柜内设备运行正常，无异声报警信号。 3. 盘眉干净整洁，盘眉文字内容与盘柜对应正确，字迹工整醒目。 4. 柜门开关锁无损坏、柜门开关正常；锁上方有防触电安全标示，"打开柜门安全要点"提示	强制	

区域/7S 要素	7S 要求	实施级别	参考图例
1.13 巡检作业书	在屏柜正中张贴规格 200mm×150mm 设备巡检作业指导书	强制	
1.14 柜内	1. 柜内无杂物，无异声、异味。 2. 柜内二次接线要求横平竖直，无交叉，无积灰。 3. 各模块操作位有名称标签及操作说明。 4. 各接线有可靠的标牌，标牌内容：线名、接入、接出模块名称、线长。 5. 号牌悬挂统一高度。 6. 定期对控制柜内的电器元件清灰，并检查线接头有无闪络	强制	
1.15 柜后门	柜体后门粘贴"带电设备 请勿触摸"警示牌	强制	
1.16 直流柜电压表	1. 表计有目视化范围行迹。绿色区分正常范围，黄色区分报警范围，红色区分危险范围。 2. 行迹宽度 5mm，不得遮盖刻度线	指导	

区域/7S 要素	7S 要求	实施级别	参考图例
1.17　逆变器	逆变器正面用黄底黑字的色带打印设备编号	指导	
2　光伏箱式变压器			
2.1　基础	1. 箱式变压器水泥基础抹灰平整，无垃圾。 2. 接地扁铁刷黄绿相间接地标示漆。 3. 接地极设有接地标识	强制	
	4. 平台边沿刷黄黑警示漆，色带宽 100mm	指导	
2.2　台阶	1. 底部及顶部台阶边沿刷黄色防止踏空线，色带宽 100mm。 2. 底部及顶部台阶边沿刷 100mm 宽黄黑警示线	强制	
2.3　箱式变压器外部	1. 箱式变压器四周张贴"止步　高压危险"安全警示牌。 2. 油枕油位目视化。 3. 箱式变压器高压侧铜排进行绝缘范防护	强制	
2.4　操作室	1. 柜体目视无尘，无污渍，见本色。 2. 各接线有可靠的标牌，标牌内容：线名、接入、接出模块名称、线长。 3. 有箱式变压器编号标牌、四周有高压危险标示牌。 4. 引出线孔洞进行防火封堵，造型美观大方	强制	
3　光伏阵列			

区域/7S 要素	7S 要求	实施级别	参考图例
3.1 光伏板	光伏板干净、无污渍、无破损	强制	
3.2 光伏阵列	1. 光伏阵列排列整理。 2. 阵列靠巡检线路侧设置巡检指导书	强制	
3.3 汇流箱	1. 柜体干净、无污渍、无破损。 2. 柜体外部有清晰且明确标识。 3. 柜门开关锁无损坏、开关正常，正中位有防触电标识。 4. 在屏柜正中张贴规格 200mm×150mm 设备巡检作业指导书。 5. 柜内无杂物，无异声、异味。 6. 柜内二次接线要求横平竖直，无交叉，无积灰。 7. 各模块操作位有名称标签及操作说明。 8. 各接线有可靠的标牌，标牌内容：线名、接入、接出模块名称、线长。 9. 号牌悬挂统一高度。 10. 定期对控制柜内的电器元件清灰，并检查线接头有无闪络	强制	

风电企业7S管理规范

5 安装规范

5.1 升压站安全标志

序号	名称	尺寸（mm）	材料	安装位置实例
1	门口停车请登记	500×400，对地高度2000	单杆牌，框架材料为不锈钢，内容部分为室外高清喷绘	
2	升压站门口安全标志展示	120×200	框架材料为不锈钢，内容部分为室外高清喷绘	
3	升压站门口安全生产十条禁令、九项规定展板	120×200	框架材料为不锈钢，内容部分为室外高清喷绘	
4	进站须知	1200×2400	框架材料为不锈钢，内容部分为室外高清喷绘	
5	安全警示牌	1200×1800	框架材料为不锈钢，内容部分为室外高清喷绘	

续表

序号	名称	尺寸（mm）	材料	安装位置实例
6	安全警示牌	1200×1800	框架材料为不锈钢，内容部分为室外高清喷绘	
7	限高警示牌	500×400，对地高度2000	单杆牌，框架材料为不锈钢，内容部分为室外高清喷绘	
8	安全警示牌	2000×720，对地高150	门式标语牌，框架材料为不锈钢，内容部分为室外高清喷绘	
9	安全警示牌	2000×720，对地高150	门式标语牌，框架材料为不锈钢，内容部分为室外高清喷绘	
10	限速行驶	500×400，对地高度2000	单杆牌，框架材料为不锈钢，内容部分为室外高清喷绘	

序号	名称	尺寸（mm）	材料	安装位置实例
11	主变压器巡检指导书	1200×1800	框架材料为不锈钢，内容部分为室外高清喷绘	
12	组合电器巡检指导书	1200×1600	框架材料为不锈钢，内容部分为室外高清喷绘	
13	SVG变巡检指导书	1200×1600	框架材料为不锈钢，内容部分为室外高清喷绘	
14	升压站作业安全风险提示卡	1200×1600	框架材料为不锈钢，内容部分为室外高清喷绘	
15	巡检路线标示	每条线宽1000	塑胶或路面漆	
16	升压站内安全隔离遮拦	高度1200，埋深250～300	固定底座用金属材料制作，遮拦采用绝缘树脂材质，高度1200mm。隔离遮栏由两部分组成，主要通道上应安装可开启的门，其余部分应与地面固定或用底盘固定，埋深250～300mm	

序号	名称	尺寸（mm）	材料	安装位置实例
17	爬梯门	850×600	不锈钢	
18	道路标线及盖板警示线	每条线宽100	路面漆	
19	保护室、配电室警示线	每条线宽80	路面漆	
20	控制屏、配电屏柜安全警示线	每条线宽100，外线对柜400，内线对柜300	黄色反光膜自粘胶带	
21	盘柜前地面绝缘胶垫	宽700	3mm绿色绝缘垫	
22	电缆盖板安全警示线	线宽50	反光膜	

序号	名称	尺寸（mm）	材料	安装位置实例
23	消防栓使用说明	单个 300×400	0.25mm Lexan 8B35 自粘贴	
24	消防站	4m²	铝合金	
25	灭火器标志牌	400×500	PVC 自粘贴	
26	消防箱警示线	每条线宽 50	黄色自粘胶带	
27	消防平面布置图	1200×1800	双层有机玻璃（厚度 5+3），高清喷绘	
28	报警器标志牌	100×150	PVC 自粘贴	

序号	名称	尺寸（mm）	材料	安装位置实例
29	主变压器	300×400	标厚 1.2mm 不锈钢板 304，覆道路反光膜（白）	
30	主变压器中性点接地开关	220×320	标厚 1.2mm 不锈钢板 304，覆道路反光膜（白）	
31	主变压器端子箱	220×320	标厚 1.2mm 不锈钢板 304，覆道路反光膜（白）	
32	35kV 隔离开关	220×320	标厚 1.2mm 不锈钢板 304，覆道路反光膜（白）	
33	35kV SVG 连接变压器端子箱	220×320	标厚 1.2mm 不锈钢板 304，覆道路反光膜（白）	
34	110kV 隔离开关	220×320	标厚 1.2mm 不锈钢板 304，覆道路反光膜（白）	

续表

序号	名称	尺寸（mm）	材料	安装位置实例
35	35kV SVG 连接变压器端子箱	220×320	标厚 1.2mm 不锈钢板 304，覆道路反光膜（白）	
36	110kV/35kV 母线 C/B/A	400×500	标厚 1.2mm 不锈钢板 304，覆道路反光膜（白）	
37	母线牌	800×1200，对地高 1500 双面	标厚 1.2mm 不锈钢板 304，覆道路反光膜（白）	
38	110kV/35kV 断路器	220×320	标厚 1.2mm 不锈钢板 304，覆道路反光膜（白）	
39	35kV 主变压器隔离开关机构箱	220×320	标厚 1.2mm 不锈钢板 304，覆道路反光膜（白）	
40	110kV/35kV 断路器汇控箱	220×320	标厚 1.2mm 不锈钢板 304，覆道路反光膜（白）	

序号	名称	尺寸（mm）	材料	安装位置实例
41	35kV 主变压器断路器操作机构箱	220×320	标厚 1.2mm 不锈钢板 304，覆道路反光膜（白）	
42	110kV 1 段母线电压互感器隔离开关	220×320	标厚 1.2mm 不锈钢板 304，覆道路反光膜（白）	
43	110kV 主变压器接地开关	220×320	标厚 1.2mm 不锈钢板 304，覆道路反光膜（白）	
44	110kV 主变压器接地开关	220×320	标厚 1.2mm 不锈钢板 304，覆道路反光膜（白）	
45	事故放油阀	70×80	不锈钢	
46	放气阀	70×80	不锈钢	

序号	名称	尺寸（mm）	材料	安装位置实例
47	注油阀	70×80	不锈钢	注油阀
48	呼吸器	70×80	不锈钢	呼吸器
49	放电计数器	70×80	不锈钢	放电计数器
50	瓦斯继电器取样阀	70×80	不锈钢	瓦斯继电器取样阀
51	温气控制器 K1、K2 表	70×80	不锈钢	温气控制器 K1、K2表
52	绕组温度计	70×80	不锈钢	绕组温度计

序号	名称	尺寸（mm）	材料	安装位置实例
53	真空蝶阀	70×80	不锈钢	
54	SVG 室警示牌	单个 200×160	PVC 自粘贴	
55	保护室、配电室警示牌	单个 200×160	PVC 自粘贴	
56	防小动物挡板	防止绊跤线宽80	铝合金	
57	控制、保护、远动等盘柜标志	高60，宽度同屏宽	PVC 自粘贴	
58	室内空调标志	60×100	PVC 自粘贴	

续表

序号	名称	尺寸（mm）	材料	安装位置实例
59	网线标签	宽12	标签带	
60	二次室管理制度、二次室巡检指导书	900×600，离地1200	双层有机玻璃（厚度5＋3），高清喷绘	
61	重点防火部位	220×320	标厚1.2mm不锈钢板304，覆道路反光膜（白）	
62	站铭牌	400×600	标厚1.2mm不锈钢板304，覆道路反光膜（白）	

5.2　风电机组安全标志

序号	名称	尺寸（mm）	材料	安装位置实例
1	风机编号	直径800	0.25mm Lexan 8B35 自粘贴	

序号	名称	尺寸（mm）	材料	安装位置实例
2	风机塔基综合标志牌	600×800	0.25mm Lexan 8B35 自粘贴	
3	风机定检作业安全风险提示卡	900×600	0.25mm Lexan 8B35 自粘贴	
4	风机定检项目卡	800×1200	0.25mm Lexan 8B35 自粘贴	
5	风机巡检指导书	800×1200	0.25mm Lexan 8B35 自粘贴	
6	爬梯助理机安全操作规程	1200×800	0.25mm Lexan 8B35 自粘贴	
7	风机底部综合标志牌	1200×200	0.25mm Lexan 8B35 自粘贴	

序号	名称	尺寸（mm）	材料	安装位置实例
8	警告！禁止在风机塔附近逗留	500×2000	0.25mm Lexan 8B35 自粘贴	
9	风机塔筒外安全综合标志牌	400×600	0.25mm Lexan 8B35 自粘贴	
10	电源控制柜标志	200×300	0.25mm Lexan 8B35 自粘贴	
11	风机控制柜说明书	160×200	0.25mm Lexan 8B35 自粘贴	
12	变频器控制柜	90×600	0.25mm Lexan 8B35 自粘贴	

序号	名称	尺寸（mm）	材料	安装位置实例
13	变频器功率柜	90×600	0.25mm Lexan 8B35 自粘贴	
14	变频器维护指导书	120×1000	0.25mm Lexan 8B35 自粘贴	
15	变频器柜操作说明书	160×200	0.25mm Lexan 8B35 自粘贴	
16	风机安全带使用说明	1200×800	0.25mm Lexan 8B35 自粘贴	
17	危险点说明和心肺复苏	1200×800	0.25mm Lexan 8B35 自粘贴	
18	灭火器	150×150	0.25mm Lexan 8B35 自粘贴	

序号	名称	尺寸（mm）	材料	安装位置实例
19	急救药箱	200×300	0.25mm Lexan 8B35 自粘贴	距焊缝200mm
20	塔筒紧急逃生路线	297×420	0.25mm Lexan 8B35 自粘贴	距离平台1800mm
21	使用后立即关闭	150×200	0.25mm Lexan 8B35 自粘贴	
22	承重警告	200×405	0.25mm Lexan 8B35 自粘贴	650
23	禁止抛物和攀爬风机必须使用防坠器	500×300	0.25mm Lexan 8B35 自粘贴	800

序号	名称	尺寸（mm）	材料	安装位置实例
24	风机机舱综合安全标志牌	400×600	0.25mm Lexan 8B35 自粘贴	
25	安全绳挂点	200×300	0.25mm Lexan 8B35 自粘贴	
26	紧急逃生装置	300×200	0.25mm Lexan 8B35 自粘贴	
27	小心滑落	300×200	0.25mm Lexan 8B35 自粘贴	

续表

序号	名称	尺寸（mm）	材料	安装位置实例
28	风速大于12m/s，严禁锁叶轮	150×300	0.25mm Lexan 8B35自粘贴	
29	进入轮毂警告	200×405	0.25mm Lexan 8B35自粘贴	
30	风电场道路标志	1000×1200	水泥浇筑，路面漆，双面文字	
31	防踏空线	线宽150	黄色反光膜自粘贴	

5.3 集电线路及箱式变压器安全标志

序号	名称	尺寸（mm）	材料	安装位置（要标注尺寸）
1	110kV线路"塔号"	320×400	不锈钢	

序号	名称	尺寸（mm）	材料	安装位置（要标注尺寸）
2	110kV 线路"禁止攀登 高压危险"	400×320	不锈钢	
3	110kV 线路	550×750	不锈钢	
4	35kV 集电线路（铁塔）"禁止攀登 高压危险"	400×320	不锈钢	
5	35kV 集电线路（铁塔）"塔号"	320×400	不锈钢	
6	35kV 集电线路（铁塔）"相序牌"	200×200	不锈钢	

序号	名称	尺寸（mm）	材料	安装位置（要标注尺寸）
7	35kV集电线路（水泥杆）"禁止攀登　高压危险"	400×320	不锈钢	
8	35kV集电线路（水泥杆）（杆号）	320×400	不锈钢	
9	风机箱式变压器（高压室门）"止步高压危险"	400×320	不锈钢	
10	风机箱式变压器（低压室门）"箱式变压器号"	320×400	不锈钢	

续表

序号	名称	尺寸（mm）	材料	安装位置（要标注尺寸）
11	风机箱式变压器（高压室侧面）"止步 高压危险"	400×320	不锈钢	
12	风机箱式变压器（箱式变压器背面）"止步 高压危险"	400×320	不锈钢	
13	风机箱式变压器围栏"禁止翻越 高压危险"	400×320	不锈钢	

5.4　辅助设备安全标志

序号	名称	尺寸（mm）	材料	安装位置实例
1	电锅炉名称	100×200	PVC 自粘贴	

序号	名称	尺寸（mm）	材料	安装位置实例
2	就地控制柜	100×200	PVC 自粘贴	
3	高压水泵	100×200	PVC 自粘贴	
4	阀门	70×80	不锈钢	
5	活性炭罐、石英砂罐等	100×200	PVC 自粘贴	

序号	名称	尺寸（mm）	材料	安装位置实例
6	介质流向	色环宽度 400	管道标识带	
7	锅炉房和水泵房管理制度，作业指导书	900×600，离地 1200	双层有机玻璃（厚度 5＋3），高清喷绘	
8	当心坠落等	400×320	PVC 自粘贴	
9	接地系统	绿黄条宽 100mm，倾斜角度为 45°	反光膜自粘贴	

6 基建7S规范

6.1 水土流失防治

6.1.1 分区防治措施

防治分区	措施		布设要求	照片
风机防治区	工程措施	土地整治	1. 土地整治应在风机基础回填后进行初步平整，要求平台面平整无杂物，坡缘线圆滑、坡面平顺、美观；坡比统一且维持在1：1.5～1：2.5之间，同一平台坡面采用同一坡比。 2. 风机吊装工作完成后对风机平台进行全面土地整治，清除平台面上的杂物，翻松地表。部分植被恢复较困难的平台应进行表土回填，覆盖厚度大于或等于30cm。 3. 为了防止平台填筑时土石滚落和降雨对边坡的冲刷侵蚀，在吊装平台的坡脚修筑挡土埂，断面为梯形，边坡比为1：1，顶宽0.5m，高0.5m。挡土埂的修建根据项目实际情况进行，应在地势较陡的地段进行修建	
		修建挡土埂		
	植物措施	灌草混交林	风机平台植物措施的布设应在土地整治完成后春季进行，灌木选择柠条，草种选择苜蓿、沙蒿混播	
	临时措施	防尘网苫盖	1. 水土流失量最大时段为工程建设期，施工中应加强临时措施防护，对风机基础开挖出的临时堆土平均高度不高于3m，堆土坡度不应陡于1：1，堆土后四周边侧及顶部拍实，用防尘网苫盖防护。 2. 施工期间每个机组施工场地应定期进行洒水降尘，防止尘土飞扬	
		洒水降尘		
集电线路区	工程措施	土地整治	1. 土地整治应在铁塔/杆塔基础回填后进行初步平整，铁塔基础土地整治要求平台面平整无杂物，坡缘线圆滑、坡面平顺、美观；坡比统一且维持在1：1.5～1：2.5之间，同一平台坡面采用同一坡比。 2. 铁塔/杆塔安装完成后应进行全面土地整治，清除平台面上的杂物，翻松地表。部分植被恢复较困难的平台应进行表土回填，覆盖厚度大于或等于30cm	

续表

防治分区	措施		布设要求	照片
集电线路区	植物措施	种草	集电线路区种草时间上同风机平台种草时间，草种选择苜蓿、沙蒿混播	
风场道路防治区	工程措施	土地整治	1. 水保方案设计道路宽9m，施工完成后4m用于检修道路，另外5m进行土地整治并恢复植被。土地整治以项目区实际修建宽度进行调整	
	植物措施	种草		
	临时措施	洒水降尘	2. 施工期间应对风场道路进行定期洒水，防止尘土飞扬	
施工生产生活区	工程措施	土地整治	项目施工生产生活区采用七期项目已建好的，施工完成后应对其进行拆除并进行土地整治撒播草籽恢复植被，草种选择苜蓿和沙蒿混播	
	植物措施	种草		

6.1.2 平台栏杆、扶梯及钢盖板

1	平台	工艺质量标准： 1. 符合相关规范及设计要求。 2. 焊接无缺陷，焊缝成型良好，构件无裂缝纹、重皮、严重锈蚀、损坏	
2	钢（扶）梯	工艺质量标准： 1. 符合相关规范及设计要求。 2. 焊接无缺陷，焊缝成型良好，构件无裂缝纹、重皮、严重锈蚀、损坏	

3	栏杆	工艺质量标准： 1. 符合相关规范及设计要求。 2. 焊接无缺陷，焊缝成型良好，构件无裂缝纹、重皮、严重锈蚀、损坏	
4	钢盖板	工艺质量标准： 1. 符合相关规范及设计要求。 2. 焊接无缺陷，焊缝成型良好，构件无裂缝纹、重皮、严重锈蚀、损坏	
5	围栏	工艺质量标准： 1. 符合相关规范及设计要求。 2. 焊接无缺陷，焊缝成型良好，构件无裂缝纹、重皮、严重锈蚀、损坏	

6.1.3　油漆防腐施工

1	管道油漆施工工艺	工艺质量标准： 油漆颜色应符合设计及有关的要求规定	

6.2　土建专业质量工艺

6.2.1　建筑物主体施工

1	主体混凝土	工艺质量标准： 1. 混凝土强度达到设计要求。 2. 外观符合规范要求	

6.2.2 风机基础施工

1	风机基坑开挖	工艺质量标准： 基坑开挖按设计标高计算开挖深度，并按照地勘报告土质类别进行放坡	
2	风机基础钢筋	工艺质量标准： 1. 钢筋质量符合规范设计要求。 2. 施工前必须进行力学性能试验。 3. 严格按照图纸及规范设计要求进行施工	
3	风机基础混凝土	工艺质量标准： 1. 基础混凝土浇筑严格按照大体积混凝土浇筑方案执行。 2. 混凝土强度、外观达到规范设计要求	

6.2.3 风场道路及施工

1	风场道路	工艺质量标准： 1. 路基压实系数达到规范设计要求。 2. 风机平台尺寸满足设备吊装需要	

6.2.4 砌筑工程

1	砌筑	工艺质量标准： 1. 砌筑砂浆强度等级必须符合设计要求。 2. 砌筑水平度、垂直度符合规范设计要求	

6.2.5　墙面分隔缝施工

1	分隔缝	工艺质量标准： 分隔条制作、安装符合规范设计要求	

6.2.6　墙面抹灰施工

1	抹灰工程	工艺质量标准： 1. 墙面基层凹凸不平处用1：3水泥找平。 2. 水泥的凝结时间和安定性复验应合格。 3. 砂浆的配合比应符合设计要求	

6.2.7　外墙面砖施工

1	外墙贴砖	工艺质量标准： 1. 面砖材料施工前进行色差筛选，表面平整、洁净。 2. 面砖接缝平直、光滑，填嵌连续、密实。 3. 水平缝和立缝均通顺平直，宽窄一致，灰缝颜色一致	
		工艺质量标准： 1. 黏结砂浆强度符合规范设计要求，面砖镶贴时，背后满铺贴黏结砂浆。 2. 要求排水的部位做成滴水线（槽）	

6.2.8　地面砖、内墙面砖及楼梯面砖施工

1	贴砖	工艺质量标准： 1. 面砖材料施工前进行色差筛选，表面平整、洁净。 2. 面砖接缝平直、光滑，填嵌连续、密实。 3. 水平缝和立缝均通顺平直，宽窄一致。 4. 水泥砂浆强度符合规范设计要求。 5. 楼梯下沿留成统一形式的滴水线或滴水槽	

| 2 | 贴砖 | 工艺质量标准
1. 面砖材料施工前进行色差筛选,表面平整、洁净。
2. 面砖接缝平直、光滑,填嵌连续、密实。
3. 水平缝和立缝均通顺平直,宽窄一致。
4. 水泥砂浆强度符合规范设计要求。
5. 楼梯下沿留成统一形式的滴水线或滴水槽 | |

6.2.9　水泥砂浆地坪施工

| 1 | 水泥砂浆地坪 | 工艺质量标准:
1. 水泥砂浆地面坡度按设计要求施工。
2. 严格控制水灰比,做好成品养护,预防地面裂缝 | |

6.2.10　沟道及盖板施工

| 1 | 沟道及盖板 | 工艺质量标准:
1. 沟道顺直,露出地面的部分按照清水混凝土施工工艺标准执行。
2. 混凝土强度符合规范设计要求。
3. 安装后表面平整、平稳、顺直、无响声 | |

6. 2. 11　楼梯踏步施工

1	楼梯踏步	工艺质量标准： 1. 楼梯下沿留成统一形式的滴水线或滴水槽。 2. 阴阳角方正，立面垂直度、表面平整度、接缝符合规范设计要求	

6. 2. 12　楼梯栏杆与维护栏杆施工

1	楼梯栏杆	质量验收标准： 楼梯栏杆下均应设挡水沿或踢脚板，高度不小于120mm，扶手在转角处弯圆，焊缝打磨光滑，楼梯栏杆扶手高度大于或等于1050mm，放样时必须考虑楼地面建筑层厚度，严禁在加工时将管压扁施工	
2	维护栏杆	质量验收标准： 围护栏杆与柱、墙连接处及立管落地处一律加扣碗，栏杆立柱的垂直、间距要均匀，栏杆接头焊接后要打磨光滑	

6. 2. 13　屋面保温层施工

1	屋面保温	质量验收标准： 1. 按照规范设计及施工图纸要求进行施工。 2. 找平层坡度准确、排水流畅	
2	檐口落水口	1. 屋面的阴阳角是屋面平面与立面应力集中、变形频繁的部分，应对交角处的弧度做出要求，沥青防水卷材圆弧半径100～150mm，各种阴阳角、管根要抹圆角。 2. 水落口周围50mm范围内涂膜配合设防，用全粘法粘铺卷材，密封材料密封。水落口杯埋设标高考虑水落口设防时增加的附加层厚度，加大排水坡度的尺寸	

| 3 | 面层 | 1. 屋面的阴阳角是屋面平面与立面应力集中、变形频繁的部分，应对交角处的弧度做出要求，沥青防水卷材圆弧半径 100～150mm，各种阴阳角、管根要抹圆角。
2. 水落口周围 50mm 范围内涂膜配合设防，用全粘法粘铺卷材，密封材料密封。水落口杯埋设标高考虑水落口设防时增加的附加层厚度，加大排水坡度的尺寸 | |

6.2.14 室内外落水管施工

| 1 | 落水管 | 质量验收标准：
1. 根据图纸设计要求或屋面排水位置留置落水管。
2. 产品质量符合规范设计要求。
3. 落水管安装垂直于墙面，上下顺直，安装牢固 | |

6.2.15 吊顶工程施工

| 1 | 吊顶 | 质量验收标准：
1. 吊件、龙骨的安装间距、连接的方式、吊平顶的起拱高度符合设计要求，设计无要求时吊点的间距（主龙骨间距）应小于 1.2m；固定罩面板的次龙骨的间距不得大于 600mm，在潮湿地区次龙骨的间距宜为 300～400mm；吊平顶应按间短跨的 1‰～3‰起拱。
2. 后置埋件、金属吊件、龙骨在安装前进行防腐处理及拉拔试验 | |
| 2 | 吊顶 | 质量验收标准：
1. 吊平顶施工前校对吊平顶的装饰布置图和电气照明、暖气通风、消防报警等小安装的平面图。做到外露的照明灯具、消防喷淋头、烟火报警器、通风口箅子等设备在房间的整个平顶上对称、有序布置，而且只在一块罩面板内布置的设备居罩面板的中央。
2. 吊顶骨架构造及固定构造及固定方法符合设计要求，构造正确、固定牢固、无松动，罩面板外观质量表面洁净、颜色一致、整齐，压条宽窄一致、平直，接缝严密 | |

3	门窗	质量验收标准： 1. 产品进场前进行（气密性、水密性、抗风压强度）三性检测。 2. 窗户外沿要求做好滴水线，外窗台要做流水坡，平开窗要求距离角部30～50mm做排水孔	

6.2.16 消防箱安装施工

1	消防箱	质量验收标准： 1. 消火栓箱体符合设计要求，产品有消防部门的制造许可证及合格证。 2. 消火栓支管以栓阀的坐标，标高定位甩口。 3. 消火栓口朝外，阀门中心距地面为1.1m，允许偏差20mm；阀门距箱侧面140mm，距箱后内表面100mm，允许偏差5mm	
2	穿墙管道	质量验收标准： 1. 按图纸及规范设计要求施工。 2. 为达到美观，根据现场实际情况，可在吊顶或装修前将外漏管道进行封闭处理。 3. 墙体外漏竖向采暖管道采用铝塑板进行封闭	

6.3 其他构筑物施工

6.3.1 混凝土道路施工

1	道路	质量验收标准： 1. 路面按设计要求做好排水坡度。 2. 道路路面平整度、纵坡和横坡标高符合设计和规范要求。 3. 道路表面平整，防滑线宽窄均匀，深度一致	

6.3.2 主控室墙板施工

1	主控室墙板	质量验收标准： 符合规范及设计要求	

6.3.3 主控室顶棚装饰板施工

1	主控室顶棚	质量标准： 符合规范设计要求	

6.3.4 变压器安全护栏施工

1	变压器栏杆	质量验收标准： 质量符合规范设计要求	

6.4 电气专业质量工艺

6.4.1 油浸电力变压器安装施工

1	油浸电力变压器安装	质量验收标准 1. 不渗油，顶盖螺栓紧固，能灵活转动，牢固，导通良好，按制造厂规定值。 2. 无变形，无开裂	

6.4.2 软母线安装施工

1	软母线施工工艺	质量验收标准： 按 GB 50149—2010 规定，端子无变形、损坏	

6.4.3 封闭母线安装施工

1	封闭母线施工工艺	质量验收标准： 按 GB 50149—2010 规定，清洁，无氧化膜，无毛刺、飞边，无闭合磁路，平整，牢，无裂纹、断股、褶皱、表面光滑，无毛刺、凹凸不平，互相平行，完整，无变形，且固定牢固 质量验收标准： 母线相色标志齐全，正确	

6.4.4 盘柜安装施工

1	盘柜安装施工工艺	质量验收标准： 成列盘柜基础露出地面的高度应符合设计和规范的要求，两点接地，接地标识清晰、明显，控制、保护、直流盘柜采用镀锌螺栓固定，盘间连接固定螺栓齐全，盘间接逢小于 2mm，盘面完好、无损伤，盘上各附件安装及标识正确、齐全、清晰；各紧固件齐全，盘箱接地牢固，接地标识正确，箱体密封良好	

6.4.5 二次接线施工

1	二次接线施工工艺	质量验收标准： 1. 绝缘层完好，无中间接头，牢固、可靠，按背面接线图清晰正确，且不易脱色。 2. 耐压不小于500V，在满足载流量和电压降以及机械强度情况下不小于0.5mm²，屏柜内布线规范整齐、美观、弯曲弧度一致，号头齐全、统一，标字规范正确清晰、方向一致，屏蔽电缆的屏蔽层接地符合	
2	二次接线施工工艺	质量验收标准： 1. 设计要求，对于横向排列的端子排，电缆头高度应一致，对于竖向排列的端子排，电缆头距该电缆所接最下面一个端子排一般不大于200mm。 2. 电缆夹层主桥架、分支桥架、进盘电缆的排列整齐，无交叉，观感质量要求良好，二次接线整体观感质量要求良好	

6.4.6 电缆保护管、桥架、电缆安装施工

1	电缆敷设施工工艺	质量验收标准： 桥架、保护管镀锌层完整、均匀、无脱落，无锈蚀情况，金属光泽良好，电缆保护管的弯制无凹、凸情况，排管管口高度安装一致，管口无毛刺、固定牢固	

6.4.7　GIS 安装及接地施工

1	GIS 安装工艺	质量验收标准： 　　GIS 安装时必须避免各种形式的污染，户外安装应有防尘、防潮措施，空气湿度小于或等于80％，核对 GIS 型号符合设计要求，GIS 各部件、备件及专用工具应齐全无锈蚀和损伤变形，瓷件表面光滑，无裂纹，铸件无砂眼	
2	GIS 安装工艺	质量验收标准： 　　GIS 安装时必须避免各种形式的污染，户外安装应有防尘、防潮措施，空气湿度小于或等于80％，核对 GIS 型号符合设计要求，GIS 各部件、备件及专用工具应齐全无锈蚀和损伤变形，瓷件表面光滑，无裂纹，铸件无砂眼	
3	接地施工工艺	质量验收标准： 　　镀锌材料外观应无脱落，表面镀锌层厚度均匀、光滑，材料顺直、无扭曲变形，无弯折起皮，采用热镀锌工艺（或按设计要求），材料长度应尽量整齐划一，无边角、短材	

6.4.8　照明

1	照明安装施工工艺	质量验收标准： 　　灯具的检验主要看其型号容量及外观是否符合设计的要求，其所附带配件是否齐全，有无损伤破裂等现象，不同电源或电压标志明显，油漆完整	
		质量验收标准： 　　灯具的检验主要看其型号容量及外观是否符合设计的要求，其所附带配件是否齐全，有无损伤破裂等现象，不同电源或电压标志明显，油漆完整	

6.4.9　风机安装工程专业

1	基础平台支架安装	质量验收标准： 质量起吊基础平台机架，将其吊入到基础环内，保证其与基础环同心（用卷尺测量基础平台机架四个竖直工字钢与基础环的距离，使四处距离相等）	
2	塔筒起吊	质量验收标准： 起吊前将本节塔筒上法兰的连接用螺栓、安装工具、灭火器、母线排连接器等放置在塔筒上平台上，一起起吊，在塔筒吊具上安装卸扣和吊带或钢丝绳，将吊板与主吊机连接，吊座与副吊机连接	
3	螺栓连接	质量验收标准： 高强度螺栓是否已检查完毕并符合使用要求，一般螺栓是附紧固	

4	风速风向仪安装、穿线	质量验收标准： 1. 按次序将风速风向仪的安装附件依次套入测风桅杆安装架上的安装孔，同时穿入风速风向仪电缆	
5		2. 风速风向仪安装固定时，在安装结合面上涂抹适量密封胶，在紧固螺栓（蝶形螺栓）的螺纹上涂抹螺纹紧固胶，最后拧紧螺栓，电缆理完后，锁紧电缆防水接头	
6	机舱与第三节塔筒的联结	质量验收标准： 用导向棒对准安装螺孔，用 72 个螺栓 M36×210、72 个垫圈 36 将塔筒与机舱连接，用手拧上	
7	变桨系统调试箱安装	质量验收标准： 表面干净，无锈蚀情况	

8	安装叶片	质量验收标准： 清洁、无污染，螺杆与叶片根部密封良好，防雨罩安装完好	
9	吊装叶轮	质量验收标准： 叶轮内部是否已无任何多余物件，变桨轴承齿圈处是否已用叶片锁紧座固定	
10	顶节塔筒 电缆铺设	质量验收标准： 电缆布线要平、顺、无交叉，无明显歪曲	

续表

11	顶节塔筒电缆铺设	质量验收标准： 电缆布线要平、顺、无交叉，无明显歪曲	
12	塔筒动力电缆不分段预安装	质量验收标准： 　按图电缆排布顺序平齐放置所有电缆到对应电缆夹位上。电缆伸出扭揽平台500mm，每根电缆需要在该绑扎点绑扎两次	
13	塔筒母线动力电缆预安装	质量验收标准： 　安装完成的电缆头要密封可靠，电缆引出母线接线箱后，若电缆头为防水接头，则锁紧电缆防水接头	

14	塔筒内动力电缆放线固定安装	质量验收标准： 1. 将要放线的电缆从爬梯处由上而下依次解除绑扎。 2. 扎点，并同时在每层平台安排人员将电缆端头引向平台处的电缆过线口慢慢向下放线	
15	电缆在电缆固定环上的固定安装	质量验收标准： 用扎带（550 长扎带）穿过相邻的两个孔将电缆绑扎在电缆环上，连续绑扎所有电缆，电缆整齐排布，避免电缆扭曲交叉，扎带头朝向一致，绑扎完电缆后，剪掉扎带头	
16	马鞍处电缆布线	质量验收标准： 电缆按一定的弧度（此处电缆打弯约 3m）绕过马鞍架。电缆垂弯部位最低处距平台 200mm 左右，最多不超过 500mm，电缆垂弯弧度一致	

7 规章制度

7.1 7S推进管理办法（示例）

1 范围

本标准规定了华电国际宁夏新能源发电有限公司7S管理工作的职责、管理活动的内容与方法。

本标准适用于华电国际宁夏新能源发电有限公司7S推进的日常管理。

2 规范性引用文件

下列文件的条款通过本标准的引用而成为本标准的条款。凡是注日期的引用文件，其随后所有的修改单（不包括勘误的内容）或修订版均不适用于本标准，然而，鼓励根据本标准达成协议的各方研究是否使用这些文件的最新版本。凡是不注日期的引用文件，其最新版本适用于本标准。

中国华电集团公司《电力安全工作规程（电气部分和机械部分）》（2013年版）

中国华电集团公司《火电发电企业生产安全设备配置标准》（2005年版）

中国华电集团公司《水力发电企业生产安全设备配置标准》（2006年版）

3 术语和定义

7S管理是通过整理、整顿、清扫、清洁、素养、安全、节约活动，达到保证安全生产、提高设备健康水平、降低生产成本、改善生产环境、鼓舞员工士气、塑造企业良好形象的目的。

4 职责

4.1 7S推进委员会

4.1.1 负责制定7S的方针和推进目标。

4.1.2 负责批准7S推进的方案、计划。

4.1.3 负责批准7S推进的相关制度。

4.1.4 负责批准7S考核评价标准。

4.1.5 负责为7S推进工作提供必要的资源。

4.1.6 负责协调解决7S推进过程中的重大问题。

4.2 推进办公室

4.2.1 负责制订7S推进计划、方案。

4.2.2 负责 7S 宣传教育培训。

4.2.3 负责编制工作制度、7S 考核评价标准。

4.2.4 负责 7S 推进过程的监督检查和整改闭环。

4.2.5 负责督导师的培训、取证管理。

4.2.6 负责组织召开 7S 推进过程中的相关会议。

4.2.7 负责根据 7S 检查监督情况提出奖惩建议。

4.2.8 负责向 7S 推进委员会汇报 7S 工作开展情况。

4.3 检查与考核

依据《华电国际宁夏新能源公司四项责任制考核办法》进行考核。

5 管理内容与方法

5.1 组织机构

5.1.1 成立 7S 推进委员会，总经理和党委书记担任主任，分管生产的副总经理担任常务副主任，其他副总经理担任副主任，各部门负责人为成员。

5.1.2 7S 推进委员会下设推进办公室，具体负责 7S 推进事宜。7S 推进办公室主任由 7S 推进委员会常务副主任担任，成员由推进专责和督导师构成。根据需要，可任命一位 7S 推进办公室副主任。

5.2 会议管理

5.2.1 7S 推进办公室主任每月组织召开至少 2 次推进办公室例会。

5.2.2 会议主要内容。

5.2.2.1 各部门汇报 7S 推进情况及工作计划。

5.2.2.2 督导师汇报督导过程中发现的问题以及闭环情况。

5.2.2.3 推进办公室主任对推进过程中有关问题进行协调，布置任务，提出整改意见。

5.2.3 参会人员：推进办公室成员、督导师、各部门负责人。

5.2.4 会议要求。

5.2.4.1 参会人员准时参加会议，因故不能参加例会的应提前向 7S 推进办公室请假。

5.2.4.2 7S 推进办公室负责编写会议纪要，下发至各部门，并在下次例会上检查会议纪要落实情况。

5.3 宣传管理

5.3.1 7S 的宣传可利用会议、网络、征文、竞赛等多种载体进行。

5.3.2 7S 推进办公室根据 7S 推进情况，制订每月的宣传任务计划，于当月 5 日前下发至各部门。

5.3.3 7S推进办公室可对特定部门进行约稿，被约稿部门应按期完成约稿任务。

5.3.4 各部门所报稿件、图片由本部门督导师统一上报7S推进办公室。

5.3.5 7S推进办公室负责7S简报的编制，每月需完成2份简报的编制。

5.3.6 7S推进办公室每月统计各部门稿件任务完成情况，向政治工作部提出奖惩意见。政治工作部对各部门进行奖惩。

5.4 过程控制

5.4.1 7S推进委员会和7S推进办公室定期巡视现场，及时了解掌握7S推进情况，协调解决现场问题。对于重要的节点和区域，要过问督办。

5.4.2 督导师督导。

5.4.2.1 督导师每周对督导区域的7S推进和改善情况进行一次检查，对发现的问题及时反馈责任区域负责人和7S推进办公室并提出改进措施。

5.4.2.2 督导师每周对所督导的区域进行巡视检查，提出不少于5项的整改问题，并监督检查问题处理情况。

5.4.3 7S推进办公室每月对7S区域保持及整改情况进行现场检查，并将检查结果进行通报。

5.5 申请验收

5.5.1 7S推进办公室负责制定各区域7S推进工作计划，各部门需根据计划，按时完成7S打造和完善，并填写《区域验收申请表》报7S推进办公室，详见附录A。

5.5.2 7S推进办公室根据各部门提报的验收申请表，统一组织各区域7S验收。

5.5.3 对于验收未通过的区域，相关责任部门需在5个工作日完成整改，整改完成后重新填报验收申请表交7S推进办公室。

5.6 申诉

5.6.1 检查评比过程中，存在异议时应填报《7S申诉表》进行申诉，详见附录B。

附录 A

（规范性附录）

区域验收申请表

验收区域		申请部门	
申请日期		申请人	
自验情况			
		督导师（签字）：	
		年　　月　　日	
部门负责人意见			
		年　　月　　日	

附录 B
（规范性附录）
7S 申诉表

日　期		申诉区域	

申诉内容：

申诉区域负责人：

7S 检查考评组确认：

考评组长：

调查结果：

主任委员会：

7.2 文明生产管理标准 （示例）

1 范围

本标准规定了华电国际宁夏新能源发电有限公司文明卫生管理要求、工作标准、区域划分、奖惩原则，以及遵循的基本原则。

2 规范性引用文件

下列文件中的条款通过本标准的引用而成为本标准的条款。凡是注日期的引用文件，其随后所有的修改单（不包括勘误的内容）或修订版均不适用于本标准，然而，鼓励根据本标准达成协议的各方研究是否可使用这些文件的最新版本。凡是不注日期的引用文件，其最新版本适用于本标准。

《中国华电集团公司星级发电企业管理评价查评细则》

3 职责

3.1 责任与分工

3.1.1 检修部职责

主厂房：管道、钢梁、地面、墙面、门窗、楼梯、内外墙、房顶、栏杆、电缆桥架盖板、安全标示牌、灭火器箱等；配电室、主控室、电子间、开关室、蓄电池室、电缆夹层、UPS室、厂用所有变压器室、柴油发电机室等所有运行设备房间内外地面、墙面、门窗、空调等。辅助区域：升压站房间内外地面、墙面、门窗、管道、钢梁、电缆桥架槽盒盖、楼梯、电梯、内外墙、房顶、栏杆、安全标示牌、灭火器箱等；所辖生产现场室外地面、墙面、管道、钢梁、综合管架、电缆桥架、门窗、安全标示牌、灭火器箱、各种水窖等；所辖生产现场值班室、控制室、学习室、休息室、卫生间等。

3.1.2 物资公司： 物资仓库楼及所属仓库区域的所有墙面、地面、楼梯、平台、楼道、栏杆、设施及材料堆放场所等；所辖仓库各类机动车辆；其他所辖设备及区域。

3.1.3 办公楼内各职能部门： 本部门办公室；本部门单独使用的会议室、仓库等；本部门负责管理的公用场所。

3.2 检查与考核

3.2.1 鼓励各部门开展自查自纠工作，各部门自己发现并正在进行文明卫生治理的不予考核。

3.2.2 安全监察部原则上每月对生产区域进行全面检查。

3.2.3 根据各卫生区域检查存在的突出问题或对特殊区域、特殊时段，安全监察部将牵头组织各相关支部书记和班组长，不定期组织进行文明卫生专项检查。

3.2.4 检查出的不符合项由安全监察部进行汇总，下发安全文明督察通报，对重点难点下发文明卫生督办通知书，对在限期内不整改和达不到整改要求又不按时反馈的，按照《文明卫生检查考核标准》进行考核。《文明卫生检查考核标准》见附录E。

4 管理内容与方法

4.1 管理内容

4.1.1 工作场所照明齐全，完好整洁，粉尘、噪声符合劳动保护要求。

4.1.2 现场设备标识齐全、明确、清晰，设备见本色，管道保温齐全完好，管道名称、介质流向、色环正确规范。

4.1.3 厂区、厂房、宿舍区及生产、办公场所清洁整齐，定置管理，无卫生死角。

4.1.4 生产现场做到"四无"即：无垃圾、无杂物、无积水、无油迹，设备无油污、水渍、灰尘、锈迹，设备表面油漆完整。

4.1.5 检修现场坚持文明施工，做到"三不落地"，拆下的零部件、检修机具、材料备品要摆放整齐有序，现场施工垃圾及时清理放置指定地点，做到工完、料净、场地清。生产现场做到电线不乱拉、管材不乱放、杂物不乱丢。

4.1.6 地面、平台及地下部分无灰尘、无杂物、无积水、无积油、无积灰、无堆积物。

4.1.7 门、窗、桌、椅、橱、表盘、标牌、物件等内外清洁、整齐有序，定置管理。

4.1.8 室内外墙壁、楼道、洗手间等无痰迹、无污印、无污染、无油垢、无烟蒂、无网状浮灰、无纸屑等杂物。

4.1.9 现场瓷瓦、瓷砖保持完好，瓷瓦损坏及时修复。

4.1.10 安全保护装置、标识，规范、齐全、完好，沟道盖板平整完好，遮拦及楼梯、平台栏杆完好清洁无锈蚀，安全可靠。

4.1.11 设备标示牌、安全警示牌醒目规范，齐全清洁。

4.1.12 厂房内灭火器等物品按定置存放，并保持整洁完好。

4.1.13 厂房内未经允许，机动车辆不得驶入，经允许驶入时应对地面采取防护措施。

4.1.14 检修现场临时电源、电焊线、气焊带等要做到线排整齐、规范、无散乱现象。

4.1.15 搭设的脚手架符合规定要求，地面采取保护措施。各种警示牌悬挂正确保持整洁，安全围栏漆色完好，表面清洁。

4.1.16 在厂房内施工要采取防止地面损坏和污染的隔离措施。

4.1.17 厂区环境保持清洁，道路平整通畅，井盖齐全完整，地面沟道干净平整，无烟头、无积水、无垃圾、无堆积物，无卫生死角。

4.1.18 办公场所地面清洁、窗明几净、四壁无尘，家具物品摆放整齐，并按定置图进行摆放管理。

4.1.19 厕所洁具清洁完好无异味，洗手池清洁无水渍、污渍，下水道畅通无阻，水龙头保持完好，地面干净。建筑物外观保持清洁。

4.1.20 绿化带完好平整、内部无杂草、异物。

4.1.21 房顶完好平整，无异物。

4.1.22 道路照明灯具清洁、完好、明亮。

4.2 管理方法

4.2.1 各部门主任是本部门文明卫生管理的第一责任人，负责将所管辖的文明卫生责任区域层层分解，落实到人，并对本部门所辖区域文明卫生检查、监督、整改、落实和考核。每月至少组织对本部门分管区域文明卫生工作检查一次，发现问题及时下发整改通知单，督促班组限期整改并提出改进意见。

4.2.2 各部门应按照本办法的规定和要求，制订本部门的文明生产管理奖惩实施细则，要将责任分工、清洁周期、到位检查等进行明确，做到可操作性强、考核严格。

4.2.3 各部门班组长为本班组文明卫生具体负责人，要严格落实文明卫生主体责任，各班组根据《生产现场文明卫生检查标准卡》《后勤服务文明卫生检查标准卡》《班组文明卫生检查标准卡》《办公场所文明卫生检查标准卡》内容（见附录A、B、C、D），每天对照检查，发现不符合项及时消除。

4.2.4 各部门、班组应保持所管辖区域内文明卫生状况处于良好状态，认真开展定期清洁、自查工作，对安全监察部下发的督查通报和督办通知书，部门主任、安全专工和班长要按照整改要求及时落实整改，并将整改情况及时反馈至安全监察部。

4.2.5 因设备滴、漏或其他原因造成的污染，由设备管辖责任部门进行设备治理并清理干净，因操作不当造成的污染，由操作人员或部门负责清理干净。

4.2.6 设备在消缺期间，检修区域的文明卫生由检修人员负责。检修工作结束后，做到工完料净场地清。

4.2.7 在生产区域、厂区环境内不得随意堆放、存放物品，确实需要时，须向安全监察部提出申请同意，并设置隔离区围栏，挂好标牌，做好地面保护措施，不得占用消防通道和阻碍通行。

4.2.8 厂区禁止吸烟，厂区内不得乱停乱放车辆，各种车辆按照后勤保障部的规定在指定区域存放。

4.2.9 厂区环境内工作时，按照"三不落地"要求做好防止地面、设施损坏和对环境造成污染的防范措施。

4.2.10 在厂区范围内进行可能对路面、绿化带和树木等设施有损害或对环境产生污染的工作，工作结束后按要求恢复原样。

4.2.11 小型基建外包工程项目的文明卫生由施工单位负责，工程责任部门负责监督。在施工区域周围设置围栏，对产生的各种垃圾按照规定及时清运，施工现场保持干净整洁、规范有序。施工结束后由工程责任部门严格进行验收，合格后方可撤离现场。否则，考核工程责任部门。

4.2.12 机组检修前，生技部要组织各部门对检修区域内的各种标牌、标志、介质流向、色环箭头等进行检查，缺少的由运行部门负责补齐。机组检修后移交，运行部门要做好检查，缺少的由检修专业补齐。否则考核责任部门。

4.2.13 机组检修前，各部门按照安全设施规范化的要求，对检修场作业区进行隔离，地面进行保护（铺设胶皮或木板），严禁设备、工器具等直接与地面接触。

4.2.14 检修机组、运行机组发生的设备渗漏，按照"谁污染，谁治理"的原则执行，检修人员应及时消除设备渗漏缺陷，清理好现场，保洁人员要协助做好现场卫生清洁。

4.2.15 机组检修期间，检修区域的文明卫生由各检修专业负责。

附录 A

（规范性附录）

生产现场文明卫生检查标准卡

序号	检查内容	检查项目	检查标准
1	生产厂房	1. 门窗、玻璃	1. 门窗、玻璃无破损，无锈蚀，无积灰，封条完整。 2. 门窗无变形，门拉手、锁齐全，开关灵活
		2. 房顶	1. 房顶不漏雨，防雨层无破损。 2. 房顶上部无杂物，排水口无堵塞
		3. 墙壁	1. 墙壁无污物，无蜘蛛网，无痰迹，无脚印。 2. 墙皮无脱落
		4. 地面	1. 地面清洁、无痰迹、无垃圾、无杂物，地面见本色。 2. 地面平整，无凹坑，无破损，无孔洞。 3. 沟道盖板完整、牢固、平整
		5. 栏杆、楼梯、格栅、平台	1. 栏杆、楼梯、格栅、平台完整、牢固，无开焊、无变形。 2. 栏杆、楼梯、格栅、平台无锈蚀，色标符合《安全设施规范化》要求。 3. 栏杆、楼梯、格栅、平台清洁。 4. 栏杆、楼梯、格栅、平台上无捆绑的铁丝
		6. 穿墙管道	管道穿墙处封堵完好、保温完整
		7. 百叶窗、防护网	1. 百叶窗、防护网完整、清洁。 2. 百叶窗、防护网无变形
		8. 落雨管	1. 落雨管完整。 2. 落雨管固定良好
		9. 铁算子	1. 铁算子完整，无变形，无破损，安装牢固。 2. 铁算子清洁
		10. 厂房内地沟、天沟	1. 地沟、天沟内无淤泥及杂物，排水管畅通。 2. 地沟、天沟完整，不漏水
		11. 墙衣	无积灰、污物，完整

续表

序号	检查内容	检查项目	检查标准
2	集控室、值班室	1. 台盘	1. 台盘内、外整洁。 2. 标识字迹清楚、完整，无手写字体。 3. 操作把手、防护盖完整
		2. 工器具	1. 工器具齐全、摆放整齐。 2. 工器具定置管理。 3. 工具橱内清洁
		3. 值班人员	1. 着装符合安规规定，正确佩戴标志。 2. 值班人员坐姿端正，注意力集中，集控室内禁止大声喧哗
3	设备	1. 设备	1. 设备表面无积灰、积油、积水、积垢、积粉、积煤，设备夹道内无杂物。 2. 设备标识清晰，无变形，无污物，固定良好。 3. 设备无泄漏
		2. 基础	1. 设备基础完整。 2. 设备基础清洁，无污物
		3. 管道	1. 管道清洁，无锈蚀。 2. 管道介质流向标志清晰。 3. 管道外包铁皮无破损及凹坑，管道外包铁皮齐全，铁皮无翘起，阀门外包铁皮封扣齐全。 4. 管道无积灰，无油迹
		4. 钢架、网格、平台	1. 钢架、平台清洁，无锈蚀。 2. 钢架内无杂物。 3. 炉顶无杂物，无积灰
		5. 井、坑、沟	1. 井、坑内无杂物，井、坑盖板牢固整齐。 2. 井、坑内无积水
		6. 电缆夹层	1. 电缆摆放整齐、无积灰，电缆标志齐全。 2. 地面、墙壁整洁。 3. 电缆托架无变形，固定牢固
		7. 照明	1. 生产现场照明齐全，灯泡完好可用。 2. 灯管、灯罩、灯架、开关固定牢固，无积灰。 3. 照明灯接线规范
		8. 安全标志	1. 标志牌无丢失，清洁。 2. 标志牌悬挂整齐，牢固。 3. 警戒线醒目，无脱漆
4	开关室、变压器室		1. 开关室盘内、外无积灰。 2. 开关室、变压器室内地面无垃圾、杂物，墙壁完好，无孔洞。 3. 开关柜、箱门关闭严密。 4. 开关室、变压器室防洪板、挡水墙、防鼠板无破损。 5. 变压器本体清洁、无积灰、无油迹。 6. 换气扇运行正常，防护罩齐全、完整、无积灰
5	升压站、主变区域		1. 场地平整、无杂物、无杂草。 2. 开关、变压器四周无杂物。 3. 开关、互感器、隔离开关、瓷瓶清洁。 4. 变压器、开关、互感器无漏油、卵石无积灰、无油污

序号	检查内容	检查项目	检查标准
6	消防设施	1. 灭火器、消防栓	1. 消防栓玻璃、水带、水枪齐全，消火栓箱完整清洁。 2. 灭火器压力在正常范围，箱内外清洁，合格证完整。 3. 灭火器箱、手推式灭火器定置管理
		2. 灭火沙箱	1. 厂房内灭火沙箱上部无浮灰。 2. 厂房外灭火沙箱上部无杂草。 3. 所配消防锨、消防桶齐全、完好
		3. 厂房外消防棚	1. 门窗、玻璃齐全、无破损。 2. 地面无积灰、无杂物，地面见本色。 3. 灭火器定置摆放，灭火器无积灰
7	厂房外沟道、盖板	1. 沟道	1. 防洪沟、雨水沟内无污泥及杂物。 2. 防洪沟、雨水沟无破损。 3. 管沟、电缆沟内无杂物
		2. 盖板	1. 电缆沟、管沟盖板齐全，封堵严密、无脱落。 2. 电缆沟盖板封堵严密

附录 B

（规范性附录）

文明卫生检查标准卡

序号	检查内容	检查项目	检查标准
1	服务设施	餐桌、座凳、床铺、地面	餐桌、座凳摆放整齐、床铺整洁，整体干净无灰尘、地面清洁无油迹、水迹
2	设备	机械设施、电气装置、配电盘	设施齐全完好、无缺损，电气装置接线牢固、有接地保护、无带电部分外露，接线箱内外清洁，无灰尘、无杂物。接线、保险符合规定，配电盘内清洁、无杂物
		室内排水沟	盖板齐全，无堵塞现象
3	娱乐设施	健身器材等	齐全完整、无锈蚀现象，周围清洁无杂物
4	仓库	物品存放、卫生	物品摆放整齐，位置合理，标志清晰、无灰尘
		电动工具	定置管理，电缆走向规范
5	卫生间	卫生通风设施、水管、水龙头等	设施完好、清洁，无堵塞、无污物、无异味
6	办公室、班组等	楼梯、栏杆	楼梯、栏杆完整，扶手完好、清洁，楼梯下无杂物
		房间	顶棚、墙壁整洁、完好，墙角无蛛网，地面无杂物，无痰迹
		门窗	完好无缺损，无锈蚀，门窗玻璃清洁
		照明、电源插座	灯具完好、清洁，布线整齐，照明充足
		办公桌、工作台	桌椅完好、办公用品摆放整齐、无杂物
		文件柜	文件摆放整齐，内外无灰尘
		更衣柜	衣物摆放有序，内外无灰尘，无乱贴字画
		工具柜	工具完好、摆放整齐、定置管理
		空调（风扇）	开关良好，柜顶、风叶无积灰
		微机、饮水机	机器、台面上无灰尘，电缆整洁
		消防箱	定置管理，无灰尘
		门牌及宣传牌	整洁净、图表清晰

附录 C

（规范性附录）

班组文明卫生检查标准卡

序号	检查内容	检查项目	检查标准
1	班组	标志	班组标志完整、清楚、无锈蚀
		院子	围墙完整，大门完好，无锈蚀，院内无杂物
		井坑沟	盖板齐全、完好，无阻塞现象
		楼梯	完整，扶手完好，楼梯下无杂物
		房间	顶棚、墙壁整洁、完好，墙角无蛛网，地面无杂物，见本色
		门窗	完好，无锈蚀，门窗玻璃清洁
		照明	灯具完好，照明充足，无积灰
		办公桌、工作台	桌椅完好，办公用品摆放整齐、无杂物，无积灰
		微机、饮水机	水桶、机器、台面上无灰尘，电缆整洁
		水池	完好，无堵塞、无污物
		文件柜	文件摆放整齐 内外无灰尘
		更衣柜	衣物摆放有序 无乱贴字画，内外无灰尘
		工具柜	工具完好、摆放整齐、定置管理
		空调（风扇）	开关良好，柜顶、风叶无积灰
2	学习室	桌椅	完整，清洁，茶具摆放整齐，桌面无杂物、桌布完好
		房间	顶棚、墙壁整洁、完好，墙角无蛛网，地面无杂物。上墙的制度、规定等表面清洁，完整，美观
3	设备	配电盘	接线、保险符合规定，盘内清洁、无杂物
		插座	固定，完整，带电部分无裸露
		电动工具	定置管埋，电缆走向规范
		检修平台	清洁，完整，无杂物
		房间	无死角，无杂物，物品摆放有序，墙角无蜘蛛网，顶棚、墙壁、地面完好整洁
		空调（风扇）	开关良好，柜顶、风叶无积灰
		消防箱	定置管理，无灰尘
		牌子	墙上牌子整齐、图表清晰、无灰尘
4	仓库、临时用房	门窗玻璃	完整、无破损，无锈蚀，门窗玻璃清洁
		仓库	物品摆放整齐，无积灰，无锈蚀，墙角无蜘蛛网，室内整洁
		房间	无死角，无杂物，物品摆放有序，墙角无蜘蛛网，顶棚、墙壁、地面完整，照明正常

附录 D

（规范性附录）

办公场所文明卫生检查标准卡

序号	检查项目	检查内容	检查标准
1	办公室	1. 门窗	完整，无破损，无灰尘，无污迹，无积灰，门牌完好
		2. 玻璃	完整，无灰尘，清洁透明
		3. 窗台门楣	窗台、门楣上无积灰，无杂物

序号	检查项目	检查内容	检查标准
1	办公室	4. 墙壁、顶棚	完整，无破损，墙角无蜘蛛网，无死角，墙壁、墙裙子无污迹、无灰尘
		5. 办公桌	整洁，文件资料摆放整齐
		6. 茶几、沙发饮水用具	无灰尘，无破损，清洁，定置管理
		7. 办公用橱	无灰尘，无破损，橱上无杂物，带玻璃的橱子门玻璃完整、清洁，橱内资料摆放整齐
		8. 微机、微机台	清洁、无灰尘，微机上及台面上无杂物
		9. 地面	完整，清洁，无杂物，无死角
		10. 其他办公用具	完整，清洁
		11. 空调、照明	完好、清洁、使用正常，照明充足，无灰尘
		12. 上墙牌子	无积灰、无污染
2	走廊	1. 走廊	地面清洁，墙裙子无污迹，走廊窗子清洁，走廊墙角无蜘蛛网，无死角，顶棚、墙壁无破损
		2. 楼梯	台阶清洁，无破损；扶手完整、牢固、清洁；楼梯夹道及楼梯底下无杂物、无死角，无痰迹
		3. 门厅	门厅的门窗、玻璃清洁、完整；地面干净，无死角；墙裙子无污迹；顶棚、墙壁无破损
		4. 卫生间	厕所清洁，无杂物，厕所内设施完整，使用正常，上、下水通畅，无渗漏，无异味，照明充足
3	花草	1. 树木	无枯死、腐坏、虫害
		2. 花草	无大面积枯死、虫害

附录 E

（规范性附录）

文明卫生检查考核标准

序号	检查标准	考核标准
一、生产场所		
1	由于设备"跑、冒、滴、漏"，造成环境积污染	视污染程度大小，每处考核 200～2000 元
2	"跑、冒、滴、漏"造成环境污染被考核后，又限整改，到期未完成	视情节轻重情况，每处考核 50～200 元
3	设备检修过程中未严格执行"三不落地"，工具、材料等摆放杂乱，围栏、标识不全，阻碍消防通道，各种垃圾未按照规定及时清运等	每次考核 100～500 元
4	检修或消缺后，设备或检修区域文明卫生差	每次考核 100～500 元
5	检修后设备标牌、安全警示牌、介质流向、色环箭头等丢失	根据丢失的设备标牌、安全警示牌、介质流向、色环箭头等实际价格，对责任管理部门进行考核（考核 50～200 元）
6	设备、管道：无积灰、无积粉、积油、无水迹、设备管道见本色	达不到要求，每处考核 50～200 元

序号	检查标准	考核标准
7	地面、平台部分：无灰尘、无粉尘、无杂物、无痰迹、无污印、无污染、无油垢、无烟蒂、无网状浮灰、无纸屑、无积水、无积油、无积灰、无杂物	达不到要求，每处考核50～200元
8	室内外墙壁无乱写、乱画、乱贴、乱挂，并做到无污迹、划痕，无积尘；栏杆、管道无积油、无积灰	达不到要求，每处考核50～200元
9	门窗玻璃：门窗玻璃明亮透明，无乱写、乱画、乱贴、乱挂、无灰尘、无灰水痕迹	达不到要求，每处考核50～200元
10	卫生间无异味、无灰尘，无纸屑、无积水、无痰迹马桶内无水垢；小便器、大便器表面干净清洁无污垢，纸篓垃圾及时清理，下水道畅通	达不到要求，每处考核50～200元
二、厂区大环境		
1	保持路面卫生清洁，无尘土，无杂物，不得将杂物清理到雨水箅子内。运煤、运灰、运渣造成的路面污染，随时清理干净	达不到要求，每处考核100～1000元
2	垃圾必须及时清理出厂，不得溢出垃圾场（箱）外。除垃圾存放点外，其他区域禁止存放垃圾	达不到要求，每处考核50～200元
3	车辆乱停、乱放，未要求停放在指定地点	每次考核100～300元
4	绿化区域整洁、美观、无杂物，草屑、树枝、死树等应及时清运，现场堆放时间不得超过当天	达不到要求，每处考核50～200元
5	因施工造成绿化区域损毁或污染	每次考核100～300元
6	井口、加固井圈、井框必须吻合，损坏、丢失的井盖及时补齐。临时整修必须设置硬质围栏，夜间设置红色指示灯	达不到要求，每处考核100～1000元
三、办公场所、公寓楼		
1	楼道、楼梯、栏杆、卫生间、会议室地面卫生清洁，无积灰、积尘、堆积杂物、斑迹	达不到要求，每处考核50～100元
2	微机（电视机）、更衣柜、茶几、沙发、椅子等器具上无灰尘	达不到要求，每处考核50～100元
3	各室内窗帘统一拉放到墙边；保持洁具表面干净清洁无污垢，要及时清理纸篓垃圾，保证下水道畅通	达不到要求，每处考核50～200元
4	室内门窗把手、照明开关板，应无污染、保持洁白光亮、开关板与墙面夹角处，无明显积尘、积物	达不到要求，每处考核50～100元

7.3　7S物品分类和定置管理办法（示例）

第一章　总　　则

1.1　为规范生产现场的定置管理工作，消除或降低安全生产和职业健康安全风险，特制定本办法。

1.2　本办法适用于华电国际宁夏新能源发电有限公司物品分类和定置管理的工作。

1.3　推进办是实施物品分类和定置管理工作的综合管理部门，负责物品分类和定置管理标准的制订、实施计划的指导、协调、检查和考核等工作。

1.4　生技部是运行生产和检修场所定置管理的技术管理部门，负责生产现场物品分类和定置管理方案的技术指导和审核工作。

1.5　公司各生产部门是物品分类和定置管理工作的具体实施部门，负责各使用及管理场所物品分类和定置管理方案的制定、实施、检查、改进等工作。部门负责人对本部门物品分类和定置管理工作负全面责任，负责本标准的正确实施。

1.6　本办法由推进办负责解释。

第二章　原则与要求

2.1　生产现场物品分类和定置管理要遵照以下原则：

2.1.1　要符合工艺要求，经过设计、调整使生产现场的人、物处于最佳状态，以满足工艺流程的需要。

2.1.2　要以安全为前提，做到操作安全，物放稳妥、防护得力、道路畅通、消防方便。

2.1.3　符合环境保护和劳动保护规定标准。

2.1.4　要贯彻节约的原则，要因地制宜，利用现有条件，少花钱、多办事。

2.1.5　动态原则：物品分类和定置管理要随着生产、经营的变化而变化。

2.2　物品分类和定置管理的要求包括：

2.2.1　物品分类严格按照仓管、安全管理制度执行。

2.2.2　划清定置管理范围，实行定置管理责任制。

2.2.3　物品摆放优化定位。

2.2.4　与生产、工作无关的物品，一律不得摆放在生产、工作场所。

2.2.5　制订室内物品平面定置图。

2.2.6　物品要有完整规范的标签、标志。

第三章　相关部门物品分类和定置管理的标准

3.1　物品分类和定置管理通用标准如下：

3.1.1 存放物品必须进行分类管理。

3.1.2 每一个办公室必须有一张物品放置定位图，图中标出所有物品摆放位置，实行定位定置管理。

3.1.3 办公室内桌椅、文件橱根据定置图摆放整齐，不得随意改动。

3.1.4 文件橱内的各种文件、图纸、资料、记录、档案、图书须分类并排放整齐。

3.1.5 办公桌、微机桌上不得随意堆放非办公用品，使用中的资料应摆放整齐，不得放置与本岗位工作无关的图片和照片。

3.1.6 各种物品存放的位置符合定置图的要求，使用完毕后放回原处，暂时不能放回原位置的应空位。

3.1.7 所有资料柜、工具柜、更衣柜等箱柜顶部、底部不得放置非规定的物品。

3.2 运行岗位物品分类和定置管理标准如下：

3.2.1 运行岗位各种记录、报表日志、图纸资料应整洁、规范、编号排放。班组工具应有编号，摆放在定置格内。

3.2.2 公用的饮水机等应放在指定的位置，不准随便乱放。

3.2.3 运行人员的饭盒、茶杯放在指定位置，衣服挂在衣架上或衣橱内，不准乱放。

3.2.4 运行值班桌上放置与运行专业有关的通知、技术记录、报表，不得放置与生产无关的其他物品。

3.2.5 控制室操作盘上除放置电话和对讲机外，不得放置任何物品。

3.3 检修班组物品分类和定置管理标准如下：

3.3.1 备品配件、材料等应分类存放整齐，做到定架定位。

3.3.2 所有公用工、器具应完好、干净，按指定位置存放。

3.4 仓库物品分类和定置管理标准如下：

3.4.1 库内备品配件、各类材料、工器具等，按仓管规定分类及位置排放整齐有序。

3.4.2 露天仓库、货场有定置图，存放的设备材料应符合物资管理要求，严格按规格、型号分类存放在规定位置，并设有材料名称、型号规格标示牌。

3.5 场站定置管理标准如下：

各部门若需在公用场地增设放置物品点，生产现场必须经过企划部、生技部审批，不经审批不得随意乱放。

3.6 有关部门应按以下规定做好特别定置管理工作：

3.6.1 易燃易爆、剧毒、异味、挥发性强、对人身产生不良影响的物品要进行特别定置。

3.6.2 安全帽、安全绳、绝缘鞋、绝缘手套、绝缘拉杆、高压验电笔、接地线、安全标示牌、围栏、消防器材要特别定置。

3.6.3 特别定置的物品要有特别的存放场所，危险品必须定置存放到对人与生产设备不会造成危害的地方。

3.6.4 要有特殊的处理办法，设专人管理。

第四章　定置图（或块）的制作与要求

4.1 定置图（或块）是根据定置管理基本原理，运用定置技法调整和改善了人与物的关系后，绘制而成的综合科学定位图。

定置图（或块）呈动态可变性，随着人员与工作条件的变化，定置关系也随之变化。当定置物品变化时，定置图（或块）也要随之修改。

4.2 定置图（或块）的制作应遵循以下原则：

4.2.1 要与定置物品的尺寸比例、相对位置大致相符。

4.2.2 定置图（或块）中所有的定置物品，以清晰、准确为原则，制作可按正视、俯视示意图表示。图色：黑白、彩色均可。

4.3 定置图（或块）幅面尺寸

幅面代号	A2	A3	A4
宽×长（mm）	420×594	297×420	210×297

4.4 图框线用粗实线绘制，图框格式

幅面代号	A2	A3	A4
留装订线的周边（mm）	25	25	25
不留装订线的周边（mm）	10	10	10

4.5 定置图（或块）的制作应满足以下要求：

4.5.1 定置图一律采用电脑绘制、打印，要求排列整齐，文字采用宋体。

4.5.2 定置图（或块）上的物品名称，一般采用文字表述。定置图要标注看图的方向。

4.6 资料橱、工具橱、更衣橱、低柜内物品的定置图要贴在橱门内左上方，或在对应物前的横框上贴上标签取代定置图。各类物品的定位要符合定置图标注的位置。

资料橱内的资料盒，要使用统一打印的标签，整齐划一，美观大方。

7.4 7S 小改善、 小创意、 小提案管理办法 （示例）

1 范围

本办法规定了华电国际宁夏新能源发电有限公司 7S 推进中对小改善、小创意、小提案活动管理及奖惩。

本标准适用于华电国际宁夏新能源发电有限公司工作的员工，只要提出的小改善、小创意、小提案通过审核或实施后产生较好效果，即可依据本办法进行奖励。

2 规范性引用文件

下列文件的条款通过本标准的引用而成为本标准的条款。凡是注日期的引用文件，其随后所有的修改单（不包括勘误的内容）或修订版均不适用于本标准，然而，鼓励根据本标准达成协议的各方研究是否使用这些文件的最新版本。凡是不注日期的引用文件，其最新版本适用于本标准。

中国华电集团公司《电力安全工作规程（电气部分和机械部分)》(2013 年版)

中国华电集团公司《火电发电企业生产安全设备配置标准》(2005 年版)

中国华电集团公司《水力发电企业生产安全设备配置标准》(2006 年版)

3 职责

3.1 改善、创意和提案的提出即可以个人名义提出，也可以集体名义提出。

3.2 评审小组由 7S 推进办公室成员构成，具体负责相关改善、创意和提案的评审工作，并提出奖励意见。

3.3 政治工作部负责对提案者进行奖励。

3.4 检查与考核

依据《华电国际宁夏新能源公司四项责任制考核办法》相关条款进行考核。

4 管理内容与方法

凡是有利于整理、整顿、清扫工作开展，清洁制度保持，材料节约，安全生产稳定，工作流程简化、效率提高等方面的内容均可作为改善、创意、提案的内容。具体包括操作方法的改善、质量的改善、成本的改善、环境的改善、意外事件的防止、安全措施的改善、职业健康安全的改善、现场重点、难点等疑难杂症及其他涉及需要改善的项目等。

改善、创意、提案的提出：

4.1 改善、创意、提案的提出应填写《7S 创意改善提案申报表》（详见附录 A）。

4.2 应真实详细填写申报表，用文字和图片描述，若有图示、样本、说明等，应以附件形式附后。

4.3 申报、评审流程

4.3.1 改善、创意、提案提出者填写《7S创意改善提案申报表》。

4.3.2 提案需经本部门的负责人进行初步审核，确认其可行性和必要性及改善后的效果。

4.3.3 部门的负责人初审签字后，转交7S推进办公室组织有关部门成立评审小组依据附录B进行评审。

4.3.4 7S推进办公室综合评价后，提出奖励意见交政治工作部，由政治工作部给予提出者奖励。

4.3.5 7S推进办公室评价未通过，则进行相关的退稿处理。

附录 A

（规范性附录）

7S 小改善、小创意、小提案申报表

创意编号：

部门		姓名	申报日前		受理日期
创意改善名称					
改善前描述（用图片＋文字描述）		改善结果或改善预期效果描述（用图片＋文字描述）			
改善过程描述（采用的方法、对策等）					
改善效果确认（部门领导）	有形效果（尽可能量化）：		无形效果：		
职能部室审核意见					
7S 推进办审批意见					
7S 推进委员会批准意见					

附录 B

（规范性附录）

7S 小改善、小创意、小提案评价表

编号：

序号	评审项目	最高分	评分办法	备注
1	创新程度	15	15分：独创发明； 10分：借鉴后有较大创新； 5分：借鉴后有少量创新； 0分：基本无创新	
2	难易程度	10	10分：无经验规律可借鉴； 5分：无现成经验，但有规律可循； 0分：可借鉴	
3	实施效果	50	40～50分：较大价值改善； 30分：有一定价值； 10～20分：对工作有小改善； 0分：无实施效益	
4	技术水平	15	10～15分：华电先进水平； 5～10分：公司先进水平； 0分：一般水平	
5	巩固措施	5	5分：易于巩固、推广； 0分：不易巩固、推广	
6	工作量	5	5分：工作量较大； 0分：工作量一般	

7.5　7S 例会管理办法 （示例）

第一章　总　　则

第一条　为加强 7S 例会的管理、规范会议行为，提高会议质量和效率，完善会议的落实工作，达到安排工作、交流信息、鼓舞士气、提高效率的作用，集合公司实际，特制定本办法。

第二条　本办法所指的例会，是每周五，召集公司各部门负责人、督导师共同交流信息、安排工作、鼓舞士气的 7S 会议。

第二章　例会作用

第三条　例会的作用

（1）提高各部门 7S 管理推行的工作效率，跟踪、协调各部门的工作进度。

（2）传达 7S 管理工作计划、总结等，促进员工对工作的理解。

（3）锻炼员工的表达、沟通能力，提升团队合作精神。

（4）形成具有特色的企业文化，提升企业凝聚力。

第四条　本办法适用于公司各部门、各班组 7S 会议管理。

第三章　例会安排

第五条　例会的实施步骤依次为例会准备、例会举行、例会答疑和记录。

（一）例会准备。

例会的组织者负责提前准备好例会的内容，包括时间、地点、形式、会议议程、作业任务、口号等。

（二）例会举行。

例会开始后的第一环节是喊口号，以激发员工热情，然后按照会议议程召开会议。

例会包括以下几个方面内容：

（1）传达 7S 上级指示及推行任务；

（2）各部门总结一周的 7S 推行情况和下周的工作计划，指出亮点、不足、困难点；

（3）现场答疑和经验交流。

（三）例会的答疑和记录。

答疑的作用是确认各部门是否准确理解任务，确保任务传达到位。例会必须做好记录，包括例会考勤、工作安排、完成情况等，记录的作用在乎保存会议结果。

第四章　例会纪律

会议考勤由 7S 推进督导办负责。与会人员须按时参加，如不能参加，提前请假。

会议期间与会人员应认真听取会议内容并做好记录，将手机调至震动或关闭状态。场站人员通过视频方式参加例会。

第五章　考核规定

参照《7S管理奖惩办法》。

第六章　附　　则

本办法由公司7S推行督导办公室负责起草并解释。

本办法自发布之日起试行。

7.6   7S督导师管理办法 （示例）

1   范围

本办法规定了华电国际宁夏新能源发电有限公司7S督导师的责任和任务。

本标准适用于华电国际宁夏新能源发电有限公司取得7S督导师证书、从事7S管理活动的人员。

2   规范性引用文件

下列文件的条款通过本标准的引用而成为本标准的条款。凡是注日期的引用文件，其随后所有的修改单（不包括勘误的内容）或修订版均不适用于本标准，然而，鼓励根据本标准达成协议的各方研究是否使用这些文件的最新版本。凡是不注日期的引用文件，其最新版本适用于本标准。

中国华电集团公司《电力安全工作规程（电气部分和机械部分)》(2013年版)

中国华电集团公司《火电发电企业生产安全设备配置标准》(2005年版)

中国华电集团公司《水力发电企业生产安全设备配置标准》(2006年版)

3   职责

3.1   7S推进办公室对7S督导师的日常工作实施监督管理。

3.2   7S督导师对管辖区域7S管理工作负有督导责任，各部门应听从7S督导师的督导。

3.3   7S督导师的责任。

3.3.1   负责所辖区域7S管理推进及常态化管理工作。

3.3.2   按时参加7S管理推进督导办公室组织各种会议和相关活动。

3.3.3   及时向7S推进办公室成员、部门领导反馈7S推进情况、区域改善情况，并对区域改善情况进行评价。对区域创建结果负责，对7S相关工作提出问题进行落实整改、反馈。

3.3.4   评估7S管理过程中需要的资源。各部门督导师汇总制订物资需求计划和预算，上报计划并跟踪落实。

3.3.5   负责协调解决区域创建、改善出现的问题。

3.3.6   负责收集、整理、上报区域的改善创意。

3.3.7   负责组织、协调本部门人员的培训教育等工作。

3.3.8   对负责区域7S创建过程中的宣传工作进行分工和督导。

3.3.9   对7S推进工作提出考核建议。

3.4   检查与考核。

依据《华电国际宁夏新能源公司四项责任制考核办法》相关条款进行考核。

4 管理内容与方法

4.1 7S 督导师素质要求。

4.1.1 7S 督导师有较强的责任心、工作热情和服务意识。

4.1.2 有较强的执行力及沟通协调能力。

4.1.3 掌握 7S 基础知识和目视化管理、看板管理知识。

4.2 7S 督导师管理。

4.2.1 推进期间，7S 督导师应每周至少两次深入现场进行 7S 督导。

4.2.2 常态化管理阶段，每两周一次深入现场，进行 7S 监督。

4.2.3 准时参加 7S 推进办公室及相关部门组织召开的各类 7S 会议。

4.2.4 7S 督导师应按要求落实所辖区域的 7S 督导工作。

4.2.5 每年组织一次评比活动，对在工作中表现突出的 7S 督导师给予奖励。

7.7 7S 检查评比管理办法 （示例）

1 范围

本标准规定了华电国际宁夏新能源发电有限公司生产工作现场文明生产 7S 管理职责、检查考核、管理内容与方法。

本标准适用于华电国际宁夏新能源发电有限公司生产现场、办公室、库房等区域的文明生产 7S 管理。

2 规范性引用文件

下列文件的条款通过本标准的引用而成为本标准的条款。凡是注日期的引用文件，其随后所有的修改单（不包括勘误的内容）或修订版均不适用于本标准，然而，鼓励根据本标准达成协议的各方研究是否使用这些文件的最新版本。凡是不注日期的引用文件，其最新版本适用于本标准。

中国华电集团公司《电力安全工作规程（电气部分和机械部分)》(2013 年版)

中国华电集团公司《火电发电企业生产安全设备配置标准》(2005 年版)

中国华电集团公司《水力发电企业生产安全设备配置标准》(2006 年版)

3 术语和定义

7S 管理是通过整理、整顿、清扫、清洁、素养、安全、节约活动，达到保证安全生产、提高设备健康水平、降低生产成本、改善生产环境、鼓舞员工士气、塑造企业良好形象的目的。

4 职责

4.1 公司级检查组

4.1.1 负责对 7S 管理活动情况进行检查。

4.1.2 负责对检查过程中发现的问题提出整改意见。

4.1.3 负责推进 7S 管理工作不断完善。

4.1.4 负责将检查情况上报 7S 推进办公室。

4.2 部门级检查组

4.2.1 负责对本部门的 7S 管理活动情况进行检查。

4.2.2 负责对检查过程中发现的问题提出整改意见。

4.2.3 负责推进督导区域的 7S 管理工作不断完善。

4.2.4 负责将检查情况上报 7S 推进办公室。

4.3 检查与考核

依据《华电国际宁夏新能源公司四项责任制考核办法》进行考核。

5 管理内容与方法

5.1 组织机构

5.1.1 成立公司级7S检查组，定期对各部门7S管理情况进行检查。组长由7S推进办公室主任担任，副组长由7S推进办公室副主任担任，成员由7S推进办公室成员、督导师和相关部门骨干成员组成。

5.1.2 成立部门级7S检查组，定期对本部门7S管理情况进行检查。组长由部门负责人担任，成员由部门督导师和部门骨干成员担任。

5.2 检查评比

5.2.1 公司级的检查评比每季度组织一次，每季度末月20日前完成；部门内部的自查每月进行两次。

5.2.2 检查评比应提前3天下发检查通知给相关受检部门，明确检查的时间、顺序、要求等。

5.2.3 检查评比应编制检查表，将各区域中的检查项目归类到检查表中。公司的检查表主要有生产现场区域7S检查表、办公区域7S检查表、库房区域7S检查表等，具体检查表由7S推进办公室单独下发。

5.2.4 组织检查主要有召开检查前会议、检查评比、成绩汇总三个步骤。

5.2.5 检查前会议主要确定检查要求、注意事项等。

5.2.6 检查评比主要采取现场检查评比方式，被查区域和部门可主动提供PPT资料进行被查情况介绍。

5.2.7 现场检查评比由检查考评人员按照既定的线路依据检查表逐项检查并逐项评分。现场检查考评采用扣分规则，满分为100分，扣到零分为止。考评人员每项检查完成后即做出评判，记录扣分情况。

5.2.8 检查人员可以根据PPT汇报材料的情况对检查对象进行了解，部分现场查评项目可依据PPT汇报材料直接进行评判。

5.2.9 7S推进办公室设专人进行成绩汇总，检查评分由现场检查评分和综合检查评分经过权重计算得出。各项检查权重比例如下：

序号	检查项目	权重（%）
1	参加各种7S会议、7S管理活动	10
2	宣传工作	10
3	红牌、整改问题完成率	20
4	现场检查	60

5.2.10 为平衡各区域难度不同的差异，现场检查评分为现场检查得分和难度系数 k 的乘积，即现场检查评分＝现场检查得分×难度系数 k。

5.2.11 区域难度系数 k 由 7S 推进办公室经广泛征求意见后按照民主集中的程序确定，并在区域范围公布时同时公布。区域难度系数 k 主要考虑 7S 区域面积和参与人数等不同确定，取值范围为 1.0～1.2。

5.2.12 检查评比结束后，评比小组将评比检查表和相关材料上交 7S 推进委员会审核。审核通过后，公司发文公布评比结果。

5.2.13 对检查评比中发现的问题，应及时下发整改通知书，要求限期整改并验收通过。

5.3 申诉

5.3.1 为保证评比结果的公正性，设定自评比结果公布日起 3 个工作日为申诉期。

5.3.2 申诉部门以《7S 申诉表》（详见附录 A）的形式进行申诉，如实填写内容，并交 7S 推进委员会裁决。

附录 A

（规范性附录）

7S 申诉表

日 期		申诉区域	
申诉内容：			
		申诉区域负责人：	
7S 检查考评组确认：			
		考评组长：	
调查结果：			
		7S 推进办公室主任：	

7.8　7S 管理奖惩办法 （示例）

1　范围

本标准规范了华电国际宁夏新能源发电有限公司 7S 管理工作奖惩项目和金额。

本标准适用于华电国际宁夏新能源发电有限公司 7S 管理工作的全过程管理。

2　规范性引用文件

下列文件的条款通过本标准的引用而成为本标准的条款。凡是注日期的引用文件，其随后所有的修改单（不包括勘误的内容）或修订版均不适用于本标准，然而，鼓励根据本标准达成协议的各方研究是否使用这些文件的最新版本。凡是不注日期的引用文件，其最新版本适用于本标准。

中国华电集团公司发电企业 7S 管理技术规范与制度汇编

华电国际宁夏新能源发电有限公司四项责任制考核办法（2015 年度）

3　职责

3.1　责任与分工

3.1.1　7S 管理推进委员会负责本办法执行情况的监督、检查。

3.1.2　7S 管理推进办公室负责对违反 7S 管理奖惩办法的情况提出考核意见。

3.2　检查与考核

3.2.1　本标准由 7S 管理推进办公室负责组织实施，对违反的部门或个人提出考核意见。

3.2.2　由公司经济考核委员会对 7S 管理的推进情况进行考核。

4　管理内容与方法

4.1　7S 管理督导师无故不参加活动或督导不力，每次考核 50 元。

4.2　7S 管理推进办公室未按期组织开展检查、评比工作，每次考核 100 元。

4.3　未按时提报 7S 验收申请表的部门，考核责任部门 50 元。

4.4　7S 管理样板区通过验收奖励

序号	7S 管理样板区	奖励金额	备注
1	宁东五六期升压站区域	通过验收奖励责任部门 1500 元	
2	宁东五六期二次设备室区域	通过验收奖励责任部门 1500 元	
3	宁东五六期 C2 风机区域	通过验收奖励责任部门 1500 元	
4	宁东五六期班组区域	通过验收奖励责任部门 1200 元	
5	宁东五六期生产附属设施区域	通过验收奖励责任部门 1200 元	
6	宁东一二期仓库区域	通过验收奖励责任部门 1200 元	
7	经营部办公室区域	通过验收奖励责任部门 1000 元	

4.5 7S管理创建区通过验收奖励

序号	7S 管理创建区		奖励金额	备注
1	升压站区域	宁东一二期	通过验收奖励责任部门 800 元	
2		宁东三四期		
3		宁东光伏电站		
4		月亮山一二期		
5		月亮山三四期		
6		武塬一二期		
7		南华山一至四期		
8		曹洼一二期		
9		曹洼三至八期		
10	二次设备室区域	宁东一二期	通过验收奖励责任部门 800 元	
11		宁东三四期		
12		宁东光伏电站		
13		月亮山一二期		
14		月亮山三四期		
15		武塬一二期		
16		南华山一至四期		
17		曹洼一二期		
18		曹洼三至八期		
19	风机区域	宁东一期、杨风扩一线 4 台风机	通过验收奖励责任部门 1000 元	
20		宁东二期、杨风扩二线 4 台风机		
21		宁东三期		
22		宁东四期		
23		宁东五期	通过验收奖励责任部门 800 元	
24		宁东六期		
25		宁东七期		
26		月亮山一期		
27		月亮山二期		
28		武塬一期		
29		武塬二期		
30		南华山一期		
31		南华山二期		
32		南华山三期		
33		南华山四期		
34	风机区域	曹洼一期	通过验收奖励责任部门 800 元	
35		曹洼二期		
36		曹洼三期		
37		曹洼四期		
38		曹洼五期		
39		曹洼六期		
40		曹洼七期		
41		曹洼八期		

序号	7S 管理创建区		奖励金额	备注
42	班组区域	宁东一二期	通过验收奖励责任部门 600 元	
43		宁东光伏电站		
44		月亮山一二期		
45		武塬一二期		
46		南华山一至四期		
47		曹洼一二期		
48		曹洼三至八期		
49	生产附属设施区域	宁东一二期	通过验收奖励责任部门 600 元	
50		宁东光伏电站		
51		月亮山一二期		
52		武塬一二期		
53		南华山一至四期		
54		曹洼一二期		
55		曹洼三至八期		
56	仓库区域	宁东五六期	通过验收奖励责任部门 600 元	
57		月亮山一二期		
58		武塬一二期		
59		南华山一至四期		
60		曹洼一二期		
61		曹洼三至八期		
62	管理办公室区域	办公室	通过验收奖励责任部门 500 元	
63		政工部		
64		人资部		
65		企划部		
66		物资部		
67		规划协调部		
68		工程技术部		
69		安全监察部		
70		生产技术部		
71		市场营销与调度运行部		
72		办公楼公共区		

4.6 每通过一个 7S 管理样板区验收，奖励 7S 推进办公室 500 元，未通过验收考核 500 元。

4.7 7S 管理样板区、创建区未通过验收，考核责任部门 500 元；限期未通过整改验收加倍考核。

4.8 月度检查考核

4.8.1 每月开展 7S 管理检查工作，当月检查查出问题不考核，次月检查未整改项每项考核责任部门 50 元，重复出现问题，加倍考核。

4.8.2 月度 7S 管理检查得分低于合格线的，考核责任部门 300 元。

4.9 季度评比考核

4.9.1 每季度开展 7S 管理评比工作，生产区域以场站为评比单元，办公区域以部门为评比单元。

4.9.2 生产区域 7S 管理评比第一名奖励 500 元，办公区域 7S 管理评比第一名奖励 300 元。

4.9.3 季度 7S 管理评比得分低于合格线的，考核责任部门 300 元。

4.10 7S 管理采纳实施的小改善、小创意、小提案，每项奖励责任部门 50 元。

4.11 年度评选 7S 管理优秀督导师，由各部门推选，经 7S 管理推进委员会评比通过后，奖励 7S 管理优秀督导师每人 500 元。

4.12 7S 管理相关投稿奖励标准参照公司《宣传工作管理考核实施细则》执行。

7.9 7S 红牌作战管理办法 （示例）

第一章 总 则

第一条 为全面加强 7S 工作管理，确保 7S 创建区持续保持、改进、不断的完善，公司将对完成 7S 创建的区域开展红牌作战检查工作；依据华电集团公司《发电企业 7S 管理》《发电企业 7S 管理技术规范与制度汇编》工作标准，制定本办法。

第二条 7S 的红牌作战遵循公平、公正、公开的原则，若有人认为检查存在不公平的情况，可书面或电话向 7S 推进办公室申诉。

第三条 红牌作战的方法

（1）各部门督导师自查、互查，从外到里逐点进行巡查，从细微处进行核查，按物品状态对标识进行核查。

（2）7S 推进督导办公室组织各部门督导师进行全面检查。

（3）创建区每月进行一次检查，专项红牌作战随时进行。

第四条 本办法适用于公司完成 7S 创建所有区域的红牌作战工作。

第二章 红牌作战注意事项

第五条 红牌由 7S 推进督导办公室统一汇总问题制作并悬挂。

第三章 红牌作战内容

第六条 红牌作战时要找到问题点，针对问题悬挂红牌，并积极去改善，达到整理、整顿的目的，改善公司现场环境，规范作业行为，提高员工素质，提升工作效率，保障安全生产。

第七条 红牌作战目的：发现生产现场、办公区域完成 7S 创建区域存在的问题点，对"问题点"使用红色纸张打印并进行醒目标识，并监督问题点整改完善，推动 7S 精细管理的深化，确保 7S 创建的长期保持。

第八条 红牌作战的范围：公司各部门 7S 创建区。

第九条 红牌作战实施对象和要点：

（1）实施的对象：区域内任何不满足"三定""三要素"要求的；工作场所不要物品；需要改善的事、地、物；有无泄漏、渗漏点的设备、管道；卫生死角；存在安全隐患的所有问题点。

（2）实施要点：严格按照《7S 管理活动评比标准》《文明生产管理标准》查评。

第十条 红牌实施、跟踪和回收：红牌责任部门根据整改要求实施整改，完成后整改责任人签字确认，通知 7S 推进督导办；7S 推行办公室根据红牌发放记录的完成期限，跟踪、督促责任部门及时按照标准完成整改，并逐条对照红牌内容检查、签字确认。

第四章　考　　核

第十一条　红牌下发后未如期整改完成的部门，需提前向 7S 推进办公室书面申请延期单，批准后方可延期验收，否则计入 7S 管理活动评比不符合项。

第十二条　要妥善保管红牌，丢失红牌或填写内容不符合要求计入 7S 管理活动评比不符合项。

第十三条　重要问题整改项目和安全隐患整改不到位、未按期整改完成计入 7S 管理活动评比不符合项。

第五章　附　　则

第十四条　本办法由 7S 推行办公室负责解释。

第十五条　本办法自下发之日起实行。

附件：红牌作战单

附件：　　　　　　　　　红　牌　作　战　单

红牌序号	部门	问题区域	存在问题	整改建议	完成时间

部门负责人签字：＿＿＿＿＿＿

7.10 管理 7S 机制 （示例）

为使公司 7S 管理制度贯彻落实，确保 7S 管理的效果能长期保持并逐步提升，使 7S 管理制度化、持续化、永久化，全公司员工能行之有效地按文件要求执行，特制订本制度。

1. 范围 全公司各部门

2. 权责

领导小组	组 长	1. 制定 7S 常态化管理的方针和目标。 2. 批准 7S 常态化管理方案、计划和相关制度。 3. 对 7S 管理常态化活动进行决策，并督导执行
	副组长	1. 协助组长决策 7S 常态化管理重大事宜。 2. 指导常态化管理制度的制定和执行。 3. 审批 7S 常态化管理计划和相关制度
	成 员	1. 为各自部门 7S 管理维持提升的第一负责人。 2. 对本部门 7S 常态化管理全权负责
工作小组	组 长	1. 负责 7S 常态化管理活动整体策划和推动。 2. 负责审定 7S 常态化管理活动推进方案和计划。 3. 向领导小组汇报 7S 常态化管理进展
	副组长	1. 把握 7S 常态化管理实施总体进度和工作分配。 2. 负责专责人员、督导师的管理和 7S 常态化管理督导工作。 3. 负责项目实施过程的协调工作。 4. 负责组织召开 7S 管理工作例会。 5. 负责与外部咨询师沟通、协调。 6. 负责制定及落实 7S 管理奖惩激励制度
	专责人	1. 负责完善 7S 常态化管理程序和制度。 2. 负责 7S 会议的召集和资料整理。 3. 负责常态化活动过程的督导、监督和检查。 4. 负责活动的相关培训、宣传工作。 5. 负责区域常态化评比。 6. 负责对 7S 常态化管理工作提出考核建议
	督导师	1. 负责所辖区域 7S 常态化管理工作。 2. 按时参加 7S 管理会议和相关活动。 3. 及时向推进办、部门负责人反馈 7S 常态化管理情况、区域保持情况，并对区域保持情况进行评价。 4. 负责协调解决区域保持出现的问题。 5. 负责收集、整理、上报区域的保持情况。 6. 参与所辖区域 7S 常态化评比活动

3. 查评方法

项目	实施者	实施方式	实施日期
推进督导办公室查评	7S 推进督导办	月巡查、季度评比	每季度
部门查评	部门负责人	每日巡查、每周检查汇总	每周

（1）7S 领导小组不定时进行巡查监察。

（2）7S 管理办公室进行日常巡查监督。

4. 查评制度：7S 管理长效检查评比方法

7.11　7S 管理长效检查评比方法 （示例）

为使 7S 管理工作能持续维持并保持提升，制定此检查评比制度，在全公司范围内施行。

一、各部门自查

1. 检查区域划分

a）生产、办公区域：以区域为检查单位。

b）后勤、员工宿舍：以房间为检查单位。

2. 检查频度及检查人员

a）每周进行一次检查，将不符合项填写《7S 管理不符合项明细记录表》并报公司 7S 管理办公室。

b）检查人员。

部门负责人及督导师代表，对所管辖区域进行检查。

3. 检查标准

公司《7S 管理检查评比办法》。

二、公司查评，7S 推进督导办组织对各部门检查评比

1. 检查区域划分

a）生产区域：以场站为检查单位。

b）办公区域：以部门为检查单位。

2. 检查频度及检查人员

a）检查、评比频度：每月进行一次检查，季度进行一次评比。

b）检查时间：每月最后一周，具体 7S 推进督导办公室确定。

c）检查人员。

7S 推进督导办、7S 督导师、场站代表。

3. 检查方法

a）每次检查前，抽调 7S 督导师、确立分组分区。检查前要召开准备会议，就本次检查内容和要点进行界定，统一检查尺度。

b）检查标准：按《7S 检查评比管理办法》细则进行，每次可有所侧重。

c）检查计分方式为百分制，按发现问题进行扣分，为确保检查的公平性，检查时记录问题、拍照，在各区域检查结束后 7S 推进督导办公室根据问题点照片数进行扣分。

4. 分数统计

项目		标准	满分
各单位自查 20 分	每次检查满分 5 分，三次共 20 分	做了检查，有评分记录表	2 分
		检查结果与事实的吻合度	3 分
		红牌批次、总量	3 分
各单位问题整改 10 分	问题整改 10 分	日常问题数（整改清单或例会记录）	3 分
		红牌及问题整改率	4 分

续表

项目		标准	满分
日常 7S 执行 10 分	例会召开情况及记录	班组召开例会及记录	5 分
		记录是否与实际相符	5 分
7S 工作配合 10 分	宣传稿件满分 8 分分解计划×完成率	7S 稿件任务分解计划	8 分
		其他材料上报	2 分
现场检查 50 分	实际情况检查	7S 管理检查评比办法	50 分
总　分		100 分	

三、7S 推进督导办公室负责本制度的解释及监督执行

四、本制度自 2015/9/8 开始执行

附件

7S 管理不符合项记录明细表

部门：_____　　　　　　　　区域：_____

序号	不符合项描述	检查人	备注

审核：_____

7.12　管理 7S 考核实施细则 （示例）

1　依据

华电国际宁夏新能源发电有限公司《7S 管理奖惩标准》
华电国际宁夏新能源发电有限公司《7S 检查评比管理标准》
华电国际宁夏新能源发电有限公司《7S 例会管理标准》

2　考核内容

2.1　7S 管理督导师无故不参加活动或督导不力，每次考核 50 元。

2.2　7S 管理推进办公室未按期组织开展检查、评比工作，每次考核 100 元。

2.3　月度检查考核

2.3.1　每月开展 7S 管理检查工作，当月检查查出问题不考核，次月检查未整改项每项考核责任部门 50 元，重复出现问题，加倍考核。

2.3.2　月度 7S 管理检查得分低于合格线的，对创建区进行摘牌，并考核责任部门 300 元。

2.4　季度评比考核

2.4.1　每季度开展 7S 管理评比工作，生产区域以场站为评比单元，办公区域以部门为评比单元。

2.4.2　生产区域 7S 管理评比第一名奖励 500 元，办公区域 7S 管理评比第一名奖励 300 元。

2.4.3　季度 7S 管理评比得分低于合格线的，对创建区进行摘牌，考核责任部门 300 元。

2.5　7S 管理采纳实施的小改善、小创意、小提案，每项奖励责任部门 50 元。

2.6　年度评选 7S 管理优秀督导师，由各部门推选，经 7S 管理推进委员会评比通过后，奖励 7S 管理优秀督导师每人 500 元。

2.7　7S 管理相关投稿奖励标准参照公司《宣传工作管理考核实施细则》执行。

3　附则

本细则由企划部负责考核并解释。

7.13 损耗改善＋OPL分享机制管理办法（示例）

1 范围

本标准适用于华电国际宁夏新能源发电有限公司。

2 规范性引用文件

下列文件对于本文件的应用是必不可少的。凡是注日期的引用文件，仅注日期的版本适用于本文件。凡不注日期的引用文件，其最新版本（包括所有的修改单）适用于本文件。

《宁夏公司精益管理实施考评细则》

《宁夏公司精益管理推行办法》

《宁夏公司精益损耗改善评选管理办法》

《华电国际宁夏新能源发电有限公司"3456"精益管理实施方案》

3 职责

3.1 总则

3.1.1 公司成立损耗改善领导小组，生产副总经理任组长，总工程师任副组长，各部门负责人为成员，负责公司损耗改善领导工作。

3.1.2 成立以企划部负责人为组长的推进督导组，推进督导组在公司损耗改善领导小组的领导下，负责公司损耗改善的推进、督导、考评工作。推进督导办公室设在企划部。

3.1.3 成立以生产技术部负责人为组长的生产管理组，生产管理组在公司损耗改善领导小组的领导下，负责公司生产管理方面损耗改善活动的开展。

3.1.4 成立以物资部负责人为组长的物资管理组，物资管理组在公司损耗改善领导小组的领导下，负责公司物资管理方面损耗改善活动的开展。

3.1.5 成立以经营部负责人为组长的经营管理组，经营管理组在公司损耗改善领导小组的领导下，负责公司经营管理方面损耗改善活动的开展。

3.2 职责分工

3.2.1 企划部

3.2.1.1 组织全员损耗改善＋OPL分享机制知识培训。

3.2.1.2 编制下发损耗改善＋OPL分享机制实施方案和管理办法。

3.2.1.3 公司网站进行宣传报道、各场站设计展板专栏。

3.2.1.4 每月对上报提案进行分类，组织各专业评审组对提案进行评审并汇总、报批、公示，并对优秀提案组织分享会。

3.2.1.5 每季度开展一次损耗改善＋OPL分享评比活动，发布损耗改善结果，并对好的做法进行奖励、落实。

3.2.1.6 向领导小组汇报损耗改善管理进展。

3.2.1.7 年底总结提炼课题成果。

3.2.1.8 制定全员损耗改善＋OPL分享机制常态化管理，形成标准。

3.2.1.9 对损耗改善工作提出奖惩建议。

3.2.2 生产技术部

3.2.2.1 督导生产管理组各项损耗改善活动的开展。

3.2.2.2 对生产管理组损耗改善全权负责。

3.2.2.3 按时参加损耗改善组织各种会议和相关活动。

3.2.2.4 及时向推进督导组反馈损耗改善推进情况、改善情况，对损耗改善相关工作提出问题并进行落实整改、反馈。

3.2.2.5 负责收集、整理、上报区域的改善创意。

3.2.2.6 对负责区域损耗改善创建过程中的宣传工作进行分工和督导。

3.2.3 物资部

3.2.3.1 督导物资管理组各项损耗改善活动的开展。

3.2.3.2 对物资管理组损耗改善全权负责。

3.2.3.3 按时参加损耗改善组织各种会议和相关活动。

3.2.3.4 及时向推进督导组反馈损耗改善推进情况、改善情况，对损耗改善相关工作提出问题并进行落实整改、反馈。

3.2.3.5 负责收集、整理、上报区域的改善创意。

3.2.3.6 对负责区域损耗改善创建过程中的宣传工作进行分工和督导。

3.2.4 经营部

3.2.4.1 督导经营管理组各项损耗改善活动的开展。

3.2.4.2 对经营管理组损耗改善全权负责。

3.2.4.3 按时参加损耗改善组织各种会议和相关活动。

3.2.4.4 及时向推进督导组反馈损耗改善推进情况、改善情况，对损耗改善相关工作提出问题并进行落实整改、反馈。

3.2.4.5 负责收集、整理、上报区域的改善创意。

3.2.4.6 对负责区域损耗改善创建过程中的宣传工作进行分工和督导。

3.2.5 其他部门的职责

3.2.5.1 负责收集、整理、上报部门的改善创意。

3.2.5.2 负责实施公司各项计划、任务，分解各项工作目标，落实各项管理制度。

4 管理内容与要求

4.1 损耗改善的界定

4.1.1 八大浪费

（1）生产过剩的浪费；

（2）不合格产品的浪费；

（3）待工的浪费；

（4）动作上的浪费；

（5）搬运的浪费；

（6）加工本身的浪费；

（7）库存的浪费；

（8）管理上的浪费。

4.1.2 发电企业常见的浪费

4.1.2.1 人力资源浪费

（1）人员流失的浪费；

（2）技能不足的浪费；

（3）人岗不匹配的浪费。

4.1.2.2 设备管理浪费

（1）设备故障的浪费；

（2）设备闲置的浪费；

（3）低负荷运转的浪费；

（4）设备停止的浪费；

（5）设备调试的浪费；

（6）设备老化的浪费；

（7）启动预热的浪费；

（8）效率低下的浪费。

4.1.2.3 物料管理浪费

（1）库存闲置的浪费；

（2）过量采购的浪费；

（3）不合格品的浪费；

（4）查找物料的浪费；

（5）自然损耗的浪费；

（6）高价采购的浪费。

4.1.2.4　工作方法浪费

（1）沟通不畅的浪费；

（2）冗余流程的浪费；

（3）重复审核的浪费；

（4）无效工作的浪费；

（5）工作失误的浪费；

（6）工作效率低的浪费；

（7）标准缺失的浪费。

4.1.3　损耗改善分类见附件 B。

4.2　评审机构及职责

4.2.1　评审机构

4.2.1.1　成立由生技部、检修部、安监部、调运部、办公室、企划部相关人员组成的生产管理评审组。

4.2.1.2　成立由物资部、生技部、检修部、办公室、企划部相关人员组成的物资管理评审组。

4.2.1.3　成立由经营部、人资部、办公室、企划部相关人员组成经营管理评审组。

4.2.2　职责

4.2.2.1　各部门负责对本部门损耗改善提案进行征集、汇总、初评，上报企划部。

4.2.2.2　生产、物资、经营评审组负责对损耗改善进行分专业评审，评分标准（见附件 D）。

4.2.2.3　企划部根据评审结果提出奖惩意见经分管领导同意后奖励、发布。

4.3　管理流程

4.3.1　各小组、各部门依据附录 A 填写浪费因素识别表（附表 C），确定损耗改善课题。

4.3.2　职工提出改善提案应当填写相应的表格，必要时应附图纸、数据、资料等，交本部门进行初审。

4.3.3　各部门将初审通过的改善提案汇总，填写《损耗改善提案推荐表》（见附件 F），于每月 23 日前报企划部。

4.3.4　企划部对上报的提案进行分类，组织各专业评审组于每月 26 日号前对提案进行评审并汇总。

4.3.5　企划部于每月 30 日前完成评审结果的汇总、报批、公示，并对优秀提案（提案采用附件 G）组织分享会。

4.3.6　每年 12 月 10 日前，企划部总结提炼课题成果，完成编制全员损耗改善＋

OPL 分享机制常态化管理。

5 检查与考核

5.1 公司损耗改善奖励分为特等奖、一等奖、二等奖、三等奖、鼓励奖五个等级。

5.2 评价程序

5.2.1 公司每月组织一次过程检查、季度组织一次评审奖励。

5.2.2 损耗改善的评比应做到公开、公平、公正，如有人认为评比存在不公平的情况，可向企划部申诉。

5.3 奖励与考核

损耗改善奖励标准参照（附件 E）

附录 A

（规范性附录）

管理流程图

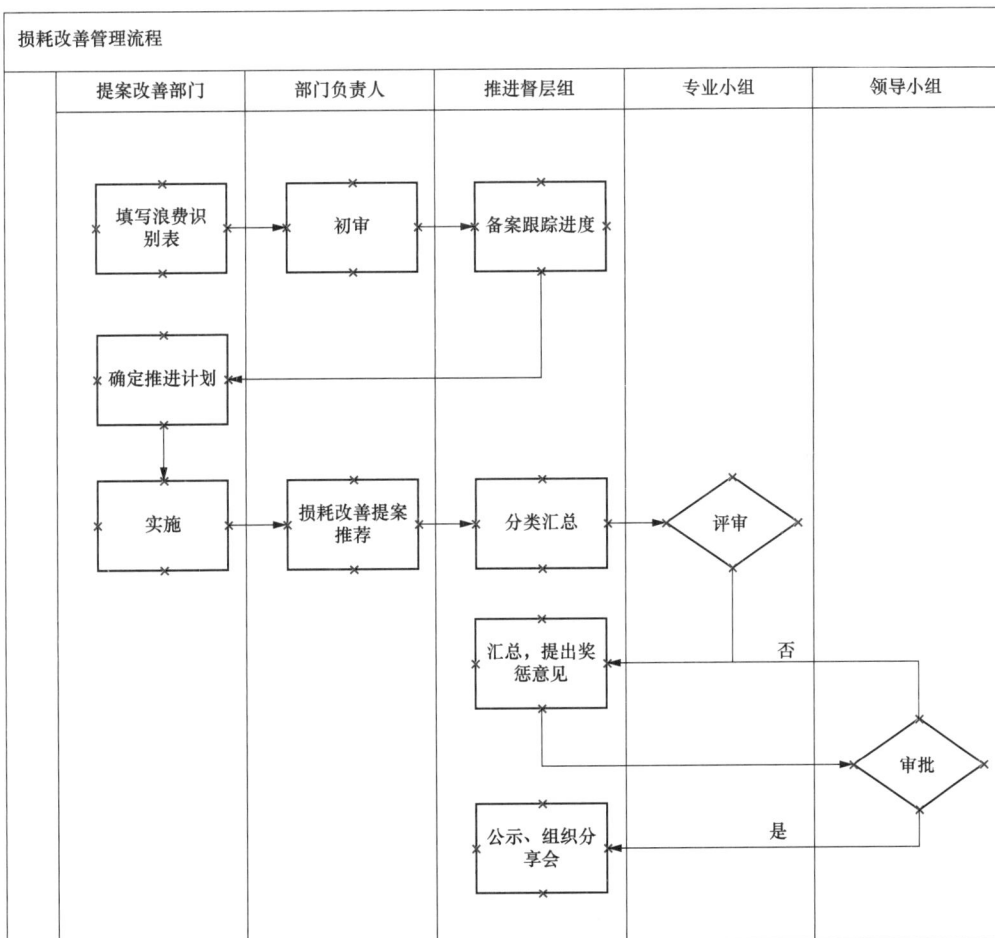

附录 B

（规范性附录）

损耗改善分类

序号	界定	界定标准
1	无效的损耗改善	(1) 设备缺陷； (2) 突发性想法； (3) 无法实施的改善； (4) 重复性或已经实施过的改善； (5) 领导布置的工作或公司设定的课题； (6) 公开的会议决策或工作计划已经包括的内容

界定标准	改善类别	主要标准
(1) 节省材料、能源、经费的改善； (2) 减少设备损耗的改善； (3) 降低库存和资金占用的改善； (4) 提升工作效率的改善； (5) 减少工作失误的改善； (6) 有利于环境保护的改善； (7) 减少人力使用的改善； (8) 有利于提高企业效益的改善； (9) 其他减少损耗的改善	一般改善	改善效果好，没有推广价值
	改善课题	改善效果好，有较好推广价值

序号 2　有效的损耗改善

附录 C

（规范性附录）

损耗改善分类

浪费识别记录表

NO	项目名称	浪费现象（内容）	浪费类型	发现日期	发现人	发现部门	原因	对策或建议	能否自行改善	实施部门/责任人	协助部门	改善时间（计划）	完成时间	备注

附录 D

（规范性附录）

损耗改善提案评分标准

评价项目			评价基准	得分
提案人（5分）			一线员工	5
			技术人员	3
			主任	2
改善效果（45分）	直接经济效益（10分）		<3万元	3～5
			3万～10万元	6～8
			20万元以上	10
	间接效益（35分）	1. 安全性、可靠性（35分）	提高单台设备	3～8
			提高设备系统	8～15
			提高单元系统	15～25
			提高全场系统的可靠性	25～35
		2. 节能降耗（35分）	节能效果一般	3～10
			节能降耗效果中等	10～20
			节能降耗效果显著	20～30
改善创意（10分）			接近模仿，创意一般	3～5
			个人独立构思，创意一般	5～10
			个人独立构思，创意巧妙符合现场实际情况	10～20
投入产出比（10分）			投入资源较大，但回报也较大，值得投入	4
			投入资源较大，但回报较小，不值得投入	1
			投入资源少，但回报巨大，非常值得投入	8
			投入资源少，回报也较小，值得鼓励	2
推广范围（10分）			适用于班组推广	3
			适用于部门专业内部推广	5
			适合公司内部推广	7
			适合行业内部推广	10
综合评价（40分）	技术含量（20分）		技术含量一般，不限于专业知识，日常小改善	3～5
			需要一定的专业知识和现场实践，工序较为简单，检修工即可独立完成	5～10
			需要扎实的专业知识，提案需内部专业讨论确定能够实施	10～15
			需要较深的专业知识，提案需各部门相关专业讨论确定能够实施	15～20
	发表情况（10分）		逻辑清晰，观点明确，易于理解	5～10
			逻辑一般，不易于理解	1～5

附录 E

（规范性附录）

损耗改善奖励标准

等级	评价得分	奖励金额	备　注
特等奖	96 分以上	根据实施效果奖励	1. 等级分指一条损耗改善提案评审时所得分数。
一等奖	85～95 分	500	
二等奖	70～84 分	300	2. 等级分由损耗改善评审小组根据《损耗改善评价标准表》确认、评分
三等奖	50～69 分	200	
鼓励奖	50 分以下	100	

附录 F

（规范性附录）

×××××损耗改善提案推荐表

序号	改善提案名称	改善实施情况	产生的效益	推荐等级

注　1. 具有独创性的"改善提案名称"可以用员工的名字命名。
　　2. "改善实施情况"应注明改善实施的范围、时间等。
　　3. "产生的效益"指改善实施后产生的经济效益和综合效益。
　　4. "推荐等级"是指按照评审标准《损耗改善提案评分标准》得分所划定的等级。

附录 G

（规范性附录）

OPL 分享表格

部　门		编写日期		编写人	
主　题					
内容描述	要求： 1. 采用图表、图片、数据为依据的描述方式。 2. 课程控制在 10min 之内				

8　精益工具

导读：本章重点介绍发电企业精益管理项目实施过程中四类工具包（诊断工具包、分析工具包、改善工具包、标准化工具包）的内容及使用方法。

8.1　诊断工具包

诊断工具主要包含：现况调查表、诊断评分表、价值流程图、对标管理。

8.1.1　现况调查表（Questionnaire）

（1）工具说明。现况调查表是一种可以快速了解企业全部或局部管理领域存在的问题的方法。通常是由实施调查的组织或机构根据要调查对象的性质，提前制定针对性的调查计划、表单，到企业实施现场诊断。

现况调查表通常与矩阵评分表共同使用。

（2）使用目的。将企业内部存在的问题深入调查，记录，为导出针对性的对策方案提供支持。

（3）使用方法如图 8-1 所示。

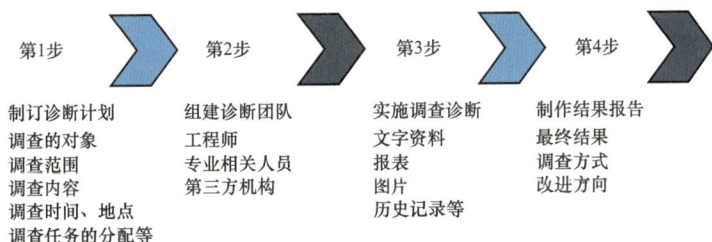

第1步　　第2步　　第3步　　第4步

制订诊断计划	组建诊断团队	实施调查诊断	制作结果报告
调查的对象	工程师	文字资料	最终结果
调查范围	专业相关人员	报表	调查方式
调查内容	第三方机构	图片	改进方向
调查时间、地点		历史记录等	
调查任务的分配等			

图 8-1　使用方法

（4）应用领域。现况调查表通常应用在企业各类项目启动前期，对项目的改进方向、改进内容不清晰的情况下使用。

8.1.2　诊断评分表（Investigation Score Card）

（1）工具说明。矩阵评分表是一种对某项问题进行调查诊断时的常用工具，通常由要诊断的项目、诊断方法、各项目评分标准构成。由诊断者通过调查研究给予各个诊断项目不同的评分，最终根据各项目的最终评分进行分析判断。

（2）使用目的。量化分析被调查工作领域的实际水平，寻找改进切入点。

（3）使用方法。与现况调查表相同。

（4）应用领域。诊断评分表可用于企业各个管理领域的改善项目启动前的调查诊断活动。

8.1.3　价值流程图（VSM）

（1）工具说明。价值流程图（Value Stream Mapping，VSM）是精益管理体系中用来描述物流和信息流的形象化工具。它把流程中的活动细分成了增值活动和非增值活动，从价值和浪费的角度来记录流程。价值流程图分为现况图和目标图，包含物流及信息流。它运用精益制造的工具和技术来帮助企业理解和精简生产流程。

在发电企业应用时，VSM可以作为管理人员、精益办人员、精益督导师发现浪费、寻找浪费根源的起点。

（2）使用目的。价值流程图分析的主旨是立即暴露存在的浪费问题，并彻底排除浪费。只有识别了问题，才能改善。

（3）使用方法。VSM分析是先对运作过程中的现状进行分析，最后根据企业的实际情况，设计出新的价值流程，为未来的运作指明方向。

第一步：明确需要分析的业务流程起点

企业的生产经营活动中，从业务流程起始点开始，首先了解顾客的需求情况和节拍，然后研究运作流程中的每一道工序，从下游追溯到上游，直至供应商。选定要改善的产品群。

第二步：绘制当前状态的价值流程图

对"当前状态图"进行分析，分析每个工序的增值和非增值活动，记录对应的时间，了解分析物流信息传递的路径和方法，然后根据分析情况来判别和确定出浪费所在及其原因，为消灭浪费和持续改善提供目标，如图8-2所示。

第三步：寻找改善机会，绘制目标状态的VSM

通过分析当前状态价值流程图的增值和非增值活动内容，对非增值活动寻找改善机会，同时根据公司的生产方式，绘制目标状态价值流程图，如图8-3所示。

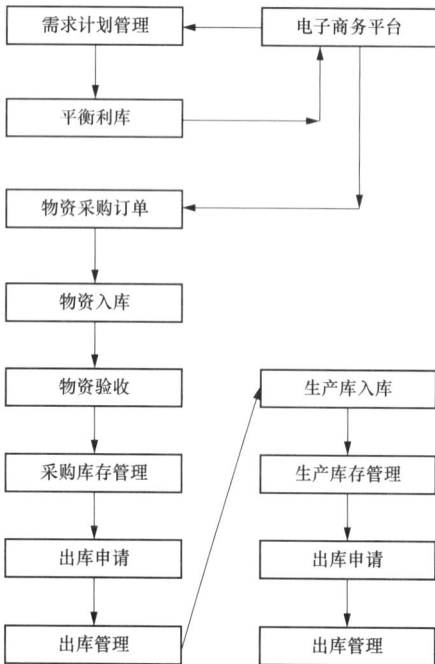

图 8-2　备件采购出库改善前价值流程

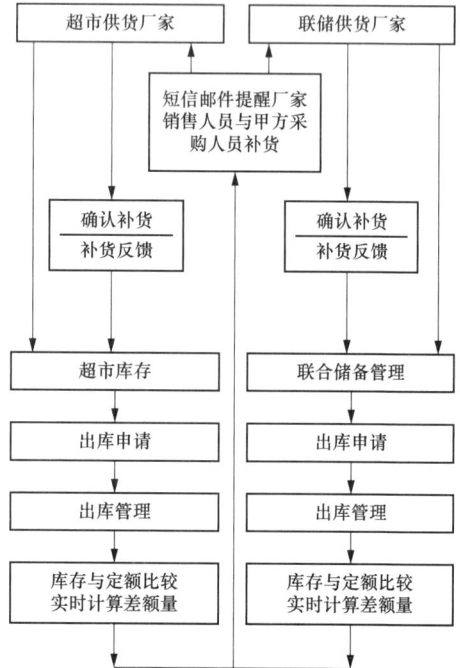

图 8-3　备件采购出库改善后价值流程

第四步：以未来状态的 VSM 为蓝图，制订行动计划

通过分析价值流现状图和目标图，得出改善项目，相关部门间协作，共同制作改善计划并实施。

（4）应用领域。价值流程图可用于发电企业的生产流程和办公流程的分析和改善，也可用作集团各关联企业间的流程改善和优化。

8.1.4　对标管理（Benchmarking）

（1）工具说明。对标管理，又称标杆管理（Benchmarking），是由美国施乐公司于1979 年首创。它是指企业持续不断地将自己的产品、服务及管理实践活动与最强的竞争对手或那些被公认为是行业领袖企业的产品、服务及管理实践活动进行对比分析的过程。

对标管理中的"对"，有"瞄准""比对"的含义，"标"指的是"标准""目标"，"指标"等。比对的目标主体包含两部分：最佳实践和度量标准，如图 8-4 所示。

01 最佳实践
行业中的领先企业，他们在经营与管理中所推行的最有效的措施和方法

02 度量标准
能真实客观地反映经营管理绩效的一套指标体系以及与之相适应的一套基准数据，如经济技术指标、运营类指标、财务类指标等

图 8-4　工具说明

（2）使用目的。通过将样板企业的经营绩效指标、内部管理体系与行业内优秀企业水平进行比较，找出待改进的工作领域，明确改进目的与目标，为实施现状分析、制定改善方案提供方向性指引。

（3）使用方法。企业精益管理项目启动及后续推行过程中，对标管理工具的使用步骤实施，如图 8-5 所示。

第1步 分析现状找短板	第2步 选定标杆定参照	第3步 制定方案拟措施	第4步 组织实施常督导	第5步 改进提升比新高
明确经营指标体系 明确经营流程 明确指标衡量标准 外部对标 内部对标	选定目标指标 选定最优值 选定最佳实践方法	找出问题点 制定解决方案 设定时间节点 确定负责人 确定改进技术和工具	检查督导 跟踪进度 确认效果	持续改进 定期评估 比对标杆达成率

图 8-5　使用方法

（4）应用领域。对标管理适用范围广泛，可用于发电企业实施诊断时发现管理短板，寻找重点改善对象使用。

8.2　分析工具包

分析工具主要包含：5W2H 分析法、故障模式及影响分析、关键路径分析、成本分

析、关键绩效指标分解、竞争优势分析。

8.2.1 5W2H分析法

（1）工具说明。5W2H分析法又称七何分析法，是第二次世界大战中美国陆军兵器修理部首创，如图8-6所示。

WHY原因目的
推行的原因目的明确

How much量化标准
耗费的投入，成本明确

What所为何事
要做的事情明确

How to如何达成
执行策略明确

When起止时间
达成目标的时间明确

Where何处进行
进行地点明确

Who何人参与
担当或参与者明确

图8-6　5W2H分析法

（2）使用目的。

1）对要调查的问题希望获得更深层次的信息，发现解决问题的线索。

2）说明解释某一项工作时，向信息接受者明确其核心信息，避免出现理解和执行的偏差。

3）实施创新思考时，激发灵感和创意，提高思维的广度和深度。

（3）使用方法，见表8-1。

表8-1　　　　　　　　　　　　　使　用　方　法

5W2H28问	第1层次	第2层次	第3层次	第4层次	结论
Why	什么原因	为什么是这个原因	有更合适的理由吗	为什么是更合适的理由	定原因
What	什么事情	为什么做这个事情	有更合适的事情吗	为什么是更合适的事情	定事
Who	是谁	为什么是他	有更合适的人吗	为什么是更合适的人	定人
When	什么时候	为什么在这个时候	有更合适的时间吗	为什么是更合适的时间	定时间
Where	什么地点	为什么在这个地点	有更合适的地点吗	为什么是更合适的地点	定地点
How	如何去做	为什么采用这个方法	有更合适的方法吗	为什么有更合适的方法	定方法
How much	标准为何	为什么采用这个标准	有更合理的标准吗	为什么是更合理的标准	定标准

（4）应用领域。

5W2H分析法可用于发电企业所有领域的问题分析和思路导出环节。

8.2.2 故障模式及影响分析（FMEA）

（1）工具说明。故障模式影响分析（Failure Mode and Effects Analysis，FMEA），是分析系统中每一产品所有可能产生的故障模式及其对系统造成的所有可能影响，并按每一个故障模式的严重程度、发生频度以及检测难易程度予以分类的一种归纳分析方法。

（2）使用目的。用来确定发电设备的潜在失效模式及原因，使发电设备的故障在发生之前就得到预测，从源头阻止设备故障及缺陷的发生。

（3）使用方法。发电企业的设备 FMEA 开展流程可参考以下步骤，如图 8-7 所示。

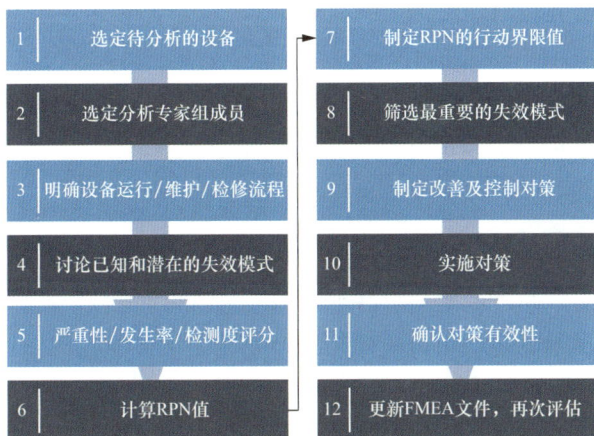

图 8-7　发电企业的设备 FMEA 开展流程

（4）应用领域。FMEA 可用于发电企业包括安全管理、运行管理、燃料物资管理、设备管理以及电厂建设初期设计等各个领域。

8.2.3　关键路径分析（CPM）

（1）工具说明。关键路径法（Critical Path Method，CPM），又称关键线路法，是一种计划管理方法。通过分析项目过程中哪个活动序列进度安排的总时差最少，来预测项目工期的网络分析。

（2）使用目的。找出一项业务流程中的浪费点，通过实施改进行动，缩短项目周期，提高工作效率，降低管理成本。

（3）使用方法。

第一步：画出网络图，以节点标明事件，由箭头代表作业。这样可以对整个项目有一个整体概念。习惯上项目开始于左方终止于右方。

①———制订检修计划———→②或①———a———→②

第二步：在箭头上标出每项作业的持续时间（T）。

①———8（天）／制订检修计划———→②或①———8（天）／a———→②

第三步：从左面开始，计算每项作业的最早结束时间（EF）。该时间等于最早可能的开始时间（ES）加上该作业的持续时间。

第四步：当所有的计算都完成时，最后算出的时间就是完成整个项目所需要的时间。

第五步：从右边开始，根据整个项目的持续时间决定每项作业的最迟结束时间（LF）。

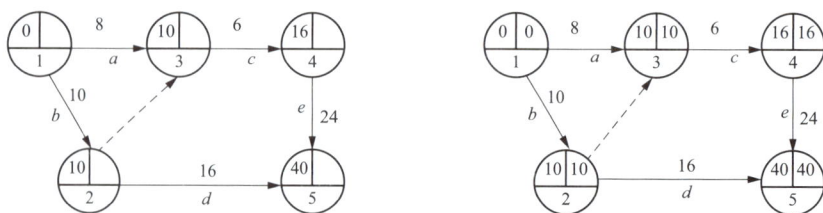

第六步：最迟结束时间（LF）减去作业的持续时间得到最迟开始时间（LS）。

第七步：每项作业的最迟结束时间（LF）与最早结束时间（EF），或者最迟开始时间（LS）与最早开始时间（ES）的差额就是该作业的时差。

第八步：如果某作业的时差为零，那么该作业就在关键路线上。

第九步：项目的关键路线就是所有作业的时差为零的路线。

（4）应用领域。关键路径法可以应用于发电企业的检修项目周期缩短、技改项目总体规划等类似的项目管理环节。

8.2.4　成本分析（Cost Analysis）

（1）工具说明：成本分析（Cost Analysis）是利用成本核算及其他有关资料，分析成本水平与构成的变动情况，研究影响成本升降的各种因素及其变动原因，寻找降低成本途径的分析方法。

（2）使用目的：成本分析是成本管理的重要组成部分，其作用是正确评价企业成本计划的执行结果，揭示成本升降变动的原因，为编制成本计划和制定经营决策提供重要依据。

（3）使用方法：在进行成本分析中可供选择的技术方法（也称数量分析方法）很多，企业应根据分析的目的、分析对象的特点、掌握的资料等情况确定应采用哪种方法进行成本分析，如图 8-8 所示。

图 8-8　使用方法

（4）应用领域：成本分析可用于发电企业的燃料物资管理、财务管理等领域。

8.2.5　关键绩效指标分解（KPI）

（1）工具说明：企业关键绩效指标（Key Performance Indicator，KPI）是通过对组织内部流程的输入端、输出端的关键参数进行设置、取样、计算、分析，衡量流程绩效的一种目标式量化管理指标，是把企业的战略目标分解为可操作工作目标的工具，是企业绩效管理的基础。

（2）使用目的：关键绩效指标（KPI）作为衡量工作人员工作绩效表现的量化指标，有助于：

1）根据组织的发展规划/目标计划来确定部门/个人的业绩指标；

2）监测与业绩目标有关的运作过程，并持续改进；

3）KPI输出是绩效评价的基础和依据。

（3）使用方法：KPI指标的提取，可用"十字对焦、职责修正"一句话概括，即纵向战略目标分解、横向结合业务流程的"十"字提取，如图8-9所示。

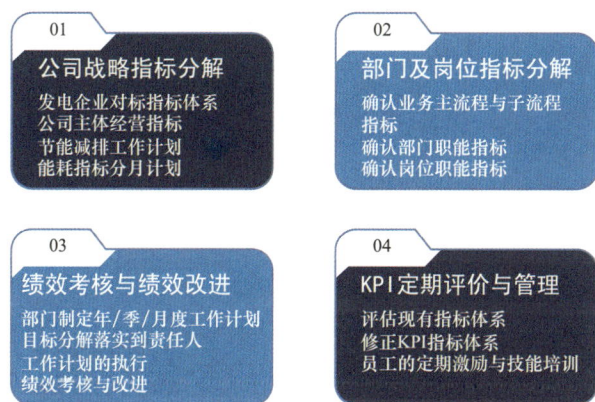

图 8-9　使用方法

（4）应用领域：关键绩效指标分解可用于发电企业所有领域的绩效指标管理。

8.2.6　竞争优势分析（SWOT）

（1）工具说明。所谓SWOT分析，即基于内外部竞争环境和竞争条件下的态势分析，就是将与研究对象密切相关的各种主要内部优势、劣势和外部的机会和威胁等，通过调查列举出来，并依照矩阵形式排列，用系统分析的思想，把各种因素相互匹配起来加以分析，从中得出一系列带有决策性的相应结论，如图8-10所示。

按照企业竞争战略的完整概念，战略应是一个企业"能够做的"（即组织的强项和弱项）和"可能做的"（即环境的机会和威胁）之间的有机组合。

（2）使用目的。主要用于公司发展战略的制定、分析获得竞争对手信息、企业自身的市场定位等。

（3）使用方法如图8-11所示。

（4）应用领域。竞争优势分析可应用于发电企业市场营销管理领域，为企业制定精准的市场定位和有效的营销策略提供帮助。

图 8-10　工具说明

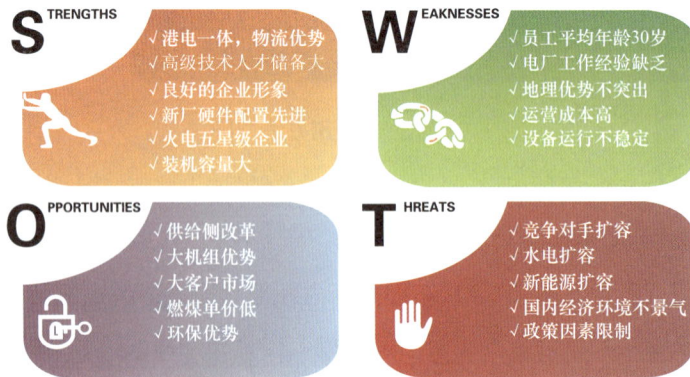

图 8-11　使用方法

8.3　改善工具包

改善工具主要包含：全员安全预控、目视化管理、流程优化、清单式点检法、大课题管理、全员生产维护、周期时间缩短、六西格玛分析法。

8.3.1　全员安全预控（KYT）

（1）工具说明，简称 KYT（Kiken Yochi Trainning）是针对生产的特点和作业工艺的全过程，以其危险性为对象，以作业班组为基本组织形式而开展的一项安全教育和训练活动，它是一种群众性的"自我管理"活动，目的是控制作业过程中的危险，预测和预防可能发生的事故。

KYT 起源于日本住友金属工业公司的工厂，后经三菱重工业公司和长崎赞造船厂发起的"全员参加的安全运动"，经中央劳动灾害防止协会的推广，形成了技术方法。它获得了广泛的运用，遍及各个企业，我国宝钢首先引进了此项技术，如图 8-12 所示。

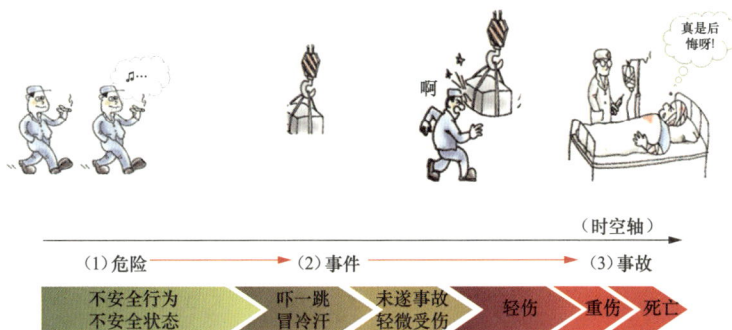

图 8-12　工具说明

（2）使用目的。提高员工对危险的感受性、对作业的注意力及解决问题的能力，控制作业过程中的危险，预测和预防可能出现的事故。

（3）使用方法如图 8-13 所示。

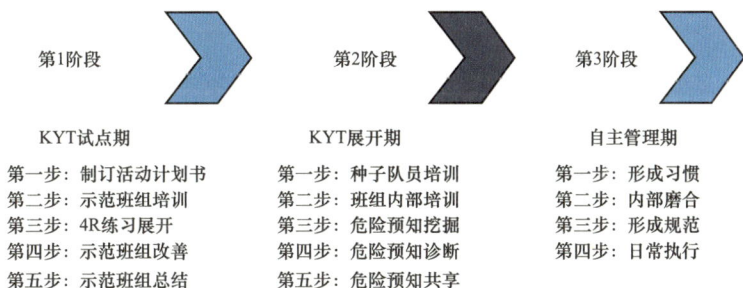

图 8-13　使用方法

（4）应用领域。全员安全预控主要应用于发电企业的安全管理领域。

8.3.2　目视化管理（Visual Management）

（1）工具说明。

1）何为目视化：通过视觉感应引起人的意识变化的一种管理方法，故称"一眼即知的管理"。据相关统计人类获取感知的途径视觉约占 85％、听觉只占 11％，嗅觉、触觉和味觉只占 4％～6％，如图 8-14 所示。

图 8-14　目视化

2）目视化管理3个要点：①是否谁都能判断好坏？（或异常与否）；②是否能迅速、准确地判断？③判断结果是否不因人而异？

3）目视化管理3个水平见表8-2。

表 8-2 目视管理——作业管理类

水准	目视管理内容	参考例（液体数量管理）
I	管理范围及现状明了	通过安装透明管，液体数量一目了然
II	（1）管理范围及现状明了。 （2）管理范围及现在的状况一目了然	明确上限、下限、投入范围、管理范围，现在正常与否一目了然
III	（1）管理范围及现状明了。 （2）管理范围及现在的状况一目了然。 （3）异常处置方法明确、异常管理装置化	异常处置方法、点检主法、清扫方法明确、异常管理装置化。

（2）使用目的。

1）简化管理、建立异常快速发现的制度，提高执行力。

2）减少差错，提高效率，养成工业化思维。

3）展示现场活力和激活员工智慧。

（3）使用方法如图 8-15 所示。

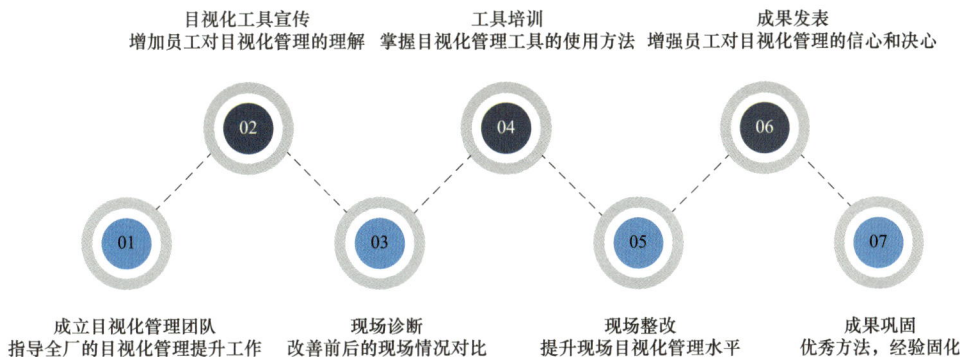

目视化工具宣传
增加员工对目视化管理的理解　掌握目视化管理工具的使用方法　增强员工对目视化管理的信心和决心
工具培训
成果发表

02　　　04　　　06

01　　　03　　　05　　　07

成立目视化管理团队
指导全厂的目视化管理提升工作
现场诊断
改善前后的现场情况对比
现场整改
提升现场目视化管理水平
成果巩固
优秀方法，经验固化

图 8-15　使用方法

（4）应用领域。目视化管理工具应用范围广泛，可在企业安全管理、运行管理、检修管理、设备管理等多方面发挥重要作用。

8.3.3　流程优化（Processes Optimization）

（1）工具说明。"流程"在管理学体系中有不同的定义，美国管理学家迈克尔哈默认为：流程是把一个或多个输入转化为对顾客有价值输出的活动；ISO9000 体系中将流程定义为：一组将输入转化为输出的相互关联或相互作用的活动。

流程优化指通过不断发展、完善、优化业务流程，从而保持企业竞争优势的策略。包括对现有工作流程的梳理、完善和改进的过程，从本质上反思业务流程，彻底重新设计业务流程，以便在当今衡量绩效的关键（如质量、成本、速度、服务）上取得突破性的改变。

（2）使用目的。以提升企业经营绩效为目的，对现有企业业务流程中的阻滞、障碍等因素通过流程优化手段实施改进。

（3）使用方法如图 8-16 所示。

【发电企业流程优化案例】

根据流程清单定义每一个业务流程、绘制流程图及流程说明文件，如图 8-17 所示。

为每一个业务流程绘制流程图及流程说明文件，如图 8-18 所示。

在流程体系中纳入标准文件、风险控制、绩效指标等内容，如图 8-19 所示。

（4）应用领域。流程优化作为一套系统性改进方法，可应用于企业管理所有领域。

导入
标准化管理实施或优化
风险控制实施

1.确定流程制作标准
2.流程访谈及资料收集
3.流程和设计及研讨
4.流程诊断及分析

1.流程训练，取得共识
2.成立流程管理组织
3.建立企业流程结构
4.主流程制作

2.流程梳理

3.流程优化

1.优化流程选择
2.流程目标确定
3.流程优化研讨及沟通
4.设计流程优化方案

1.流程识别

5.流程监控

4.流程实施

1.流程KPI建立
2.绩效评估机制建立
3.流程知识库建立
4.持续完善

1.流程审批(组织调整)
2.流程信息化
3.建立流程管理机制
4.流程运行

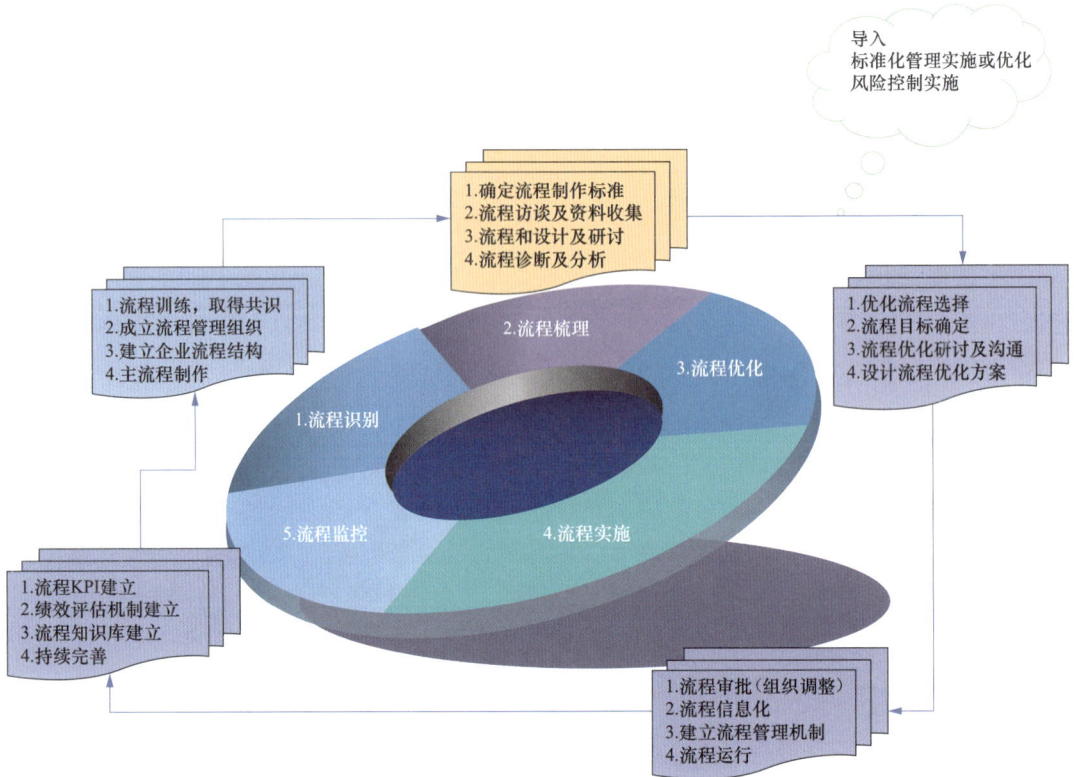

图 8-16　使用方法

适用范围	公司		维护部门	燃料管理部	发布日期	
流程编号			责任人		实施日期	
流程名称	燃料结算管理流程		监控部门	管理标准分委会	页数/总页数	1/4
流程目的	规范燃料结算管理流程					

燃料统计管理部/

采制化流程

煤验单/过磅单

01 数据核对

02 生成试结算单

R15.1　合同

05 递交财务

结算　发　入库单

燃料管理部/主任/

03 审批

煤业公司

01 审批

财务资产

财务结算

图 8-17　根据流程清单定义每一个业务流程、绘制流程图及流程说明文件

	适用范围	公司		维护部门	燃料管理部	发布日期	
	流程编号			责任人		实施日期	
	流程名称	燃料结算管理流程		监控部门	管理标准分委会	页数/总页数	2/4
流程目的	规范燃料结算管理流程						

活动编码	活动名称	活动内容	执行角色	输入	输出	周期	处理方式	是否关键点
01	数据校对	依据厂内平台数据信息核对采购平台内数据信息	燃料统计员	量、质信息	量、质信息	当天		
02	生成试结算单	在采购平台中核对同期供煤商合同，依据量质信息生成试结算单	燃料统计员	输入合同	试结算单	结算日		
03	审核	在采购平台中核对试结算单，量、质信息以及扣款项目，进行审核并打印签字	燃管管理部主任	试结算单	试结算单	结算日		
04	审批	在采购平台中核对试结算单，量、质信息及扣款项目，进行审批	内蒙煤业	试结算单	结算单	结算日		
05	递交财务	将结算单、入库单、发票、纠纷处理单报送至财务资产部	燃料统计员	结算单	结算单、发票入库单	次月1日		

图 8-18　为每一个业务流程绘制流程图及流程说明文件

风险控制文档: 风险与控制文档_燃料管理_20121129_V1

风险编号	风险简述	风险类型	风险级别	流程编号	控制编号	控制措施	控制频率	控制目标
R15	合同经过非授权的修改，导致合同的内容不清晰，对公司不公平或没有法律效用	运营法律	中	R15.1	C22/C23	对采购合同提出建议方案并经审批采购合同按照规定的程序进行审批	随时	

流程KPI指标:

KPI指标	指标说明	单位	目标值	计算公式	权重	考核频率	考核统计	数据来源	记分细则		
									等级	考核值	分值
燃料结算录入准确率	录入合同及时、准确	%	100%	合格率=合格合同份数/总合同份数	5%	随时	财务部	采购平台	优秀	100%	5分

记录的保存:

记录名称	保存责任人	保存场所	归档时间	保存期限	到期处理方式
供煤商合同	燃料管理部统计员	燃料管理部综合办公室	实时		封存
结算单	财务资产部会计	财务资产部	次月5日		封存
发票	财务资产部会计	财务资产部	次月5日		封存
入库单	财务资产部会计	财务资产部	次月5日		封存

相关支持文件:

文件属型	文件类型	文件编码	文件名称	版本
接口流程(上)	采制化			
本层	管理标准		燃料结算管理标准	
接口流程(下)	财务结算			

文件拟制/修订记录:

版本	拟制/修订责任人	拟制/修订日期	修订内容及理由	批准人
V1.0			新版建成	流程管理组

图 8-19　在流程体系中纳入标准文件、风险控制、绩效指标等内容

8.3.4 清单式点检法（Check List）

（1）工具说明。清单式点检法是在项目管理过程中广泛应用的工具之一，通常由针对某一项目的管理标准、管理程度、量化指标或操作方法构成。该方法具有易操作、逻辑性和系统性强的特点，检查标准通常建立在优秀企业已实践过的标准操作方法之上，普遍适用于同行业内企业。

（2）使用目的。了解某一项管理工作的现况，查找管理缺陷点，实施有针对性的改善

活动。

（3）使用方法如图 8-20 所示。

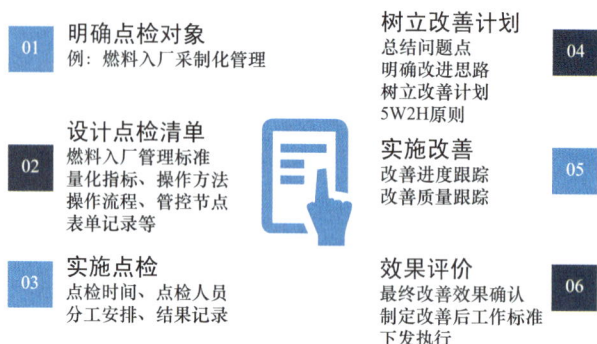

| 01 | 明确点检对象
例：燃料入厂采制化管理 | | 树立改善计划
总结问题点
明确改进思路
树立改善计划
5W2H原则 | 04 |

图 8-20　使用方法

（4）应用领域。清单式点检法可作为查找问题，实施针对性改善工具，用于企业管理的各个领域。

8.3.5　大课题管理（Big Y）

（1）工具说明。发电企业的大课题活动，指围绕企业的经营战略、方针目标和现场存在的问题，以提高运行效率、降低损耗、提高人的素质和经济效益为目的，自上而下展开的，使用各类改善工具，以项目管理形式进行的一系列改进活动。

（2）使用目的。

1）通过实施大课题活动，以对公司业绩做出贡献。

2）提升员工的问题解决能力。

3）形成持续改善的习惯化氛围。

（3）使用方法。以《提高锅炉效率大课题》实施过程说明开展步骤，如图 8-21 所示。

（4）应用领域。大课题管理应用范围广泛，可用于发电企业各个领域。

8.3.6　全员生产维护（TPM）

（1）工具说明。简称 TPM（Total Productive Maintenance），是以提高设备综合效率、降低设备缺陷为目标，以全系统的预防维修为过程，全体人员参与为基础的设备保养和维修管理体系。该方法体系 20 世纪 70 年代起源于日本，后经过世界各国的实践发展，逐步演变为适合各自国情的生产管理体系。

TPM 的特点是三个"全"，即全效率、全系统和全员参加。

全效率：指设备寿命周期费用评价和设备综合效率。

全系统：指生产维修系统的各个方法都要包括在内。

全员参加：指设备的计划、使用、维修等所有部门都要参加。

（2）使用目的。发电企业应用 TPM 的首要目的就是要事先预防并消除设备缺陷所造

① 选题	② 把握现状	③ 确定目标值	④ 分析原因	⑤ 找到主要原因
(1)列举对发电煤耗影响较大的因素:管道效率、锅炉效率、汽轮机效率; (2)选定提高锅炉效率作为本次大课题改善的对象	(1)2013年5号锅炉效率平均值86.1%; (2)不考虑不可控因素:空气温度、设备可靠性等; (3)把握可控因素:床温、排烟温度、飞灰可燃物、底渣含碳量、烟气含氧量、石灰石用量等	锅炉效率目标值90%	5、6号炉自168h接产投入商运发来,床温长期波动较大,在不同工况下,上、下层平均床温较难达900℃以上,对锅炉燃烧效率以及脱硫效率影响较大	一次风量、二次风量、二次风门、流化风的控制效果对床温影响较大

⑥ 制定措施	⑦ 实施措施	⑧ 检查效果	⑨ 巩固及水平展开	⑩ 持续改善
(1)调整配风方式; (2)统一各班组燃烧调整操作方法; (3)统一技术措施	(1)调整配风方式; (2)下发《近期5、6号炉燃烧调整技术措施》统一操作方法; (3)下发《防止床温波动技术措施》	(1)2014年5号锅炉效率平均值88.9%; (2)床温差值降低60.8℃; (3)节省煤耗8.85g/kW·h; (4)5号机组3个月累计节省成本379.27万元	(1)指标持续跟踪3个月; (2)对6号机组实施提高锅炉效率大课题活动	(1)更新标准操作规程; (2)再次制定更高改善目标; (3)持续实施改善

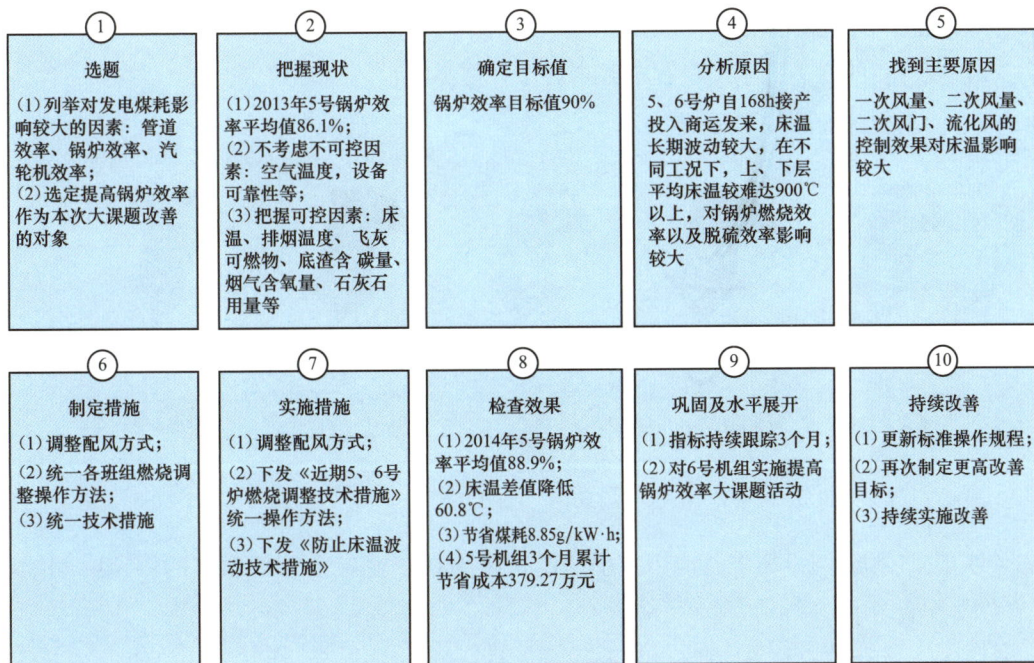

图 8-21 开展步骤

成的各类损失:如设备非计划停机、设备长期跑冒滴漏、设备加速老化、磨损等,如图 8-22 所示。

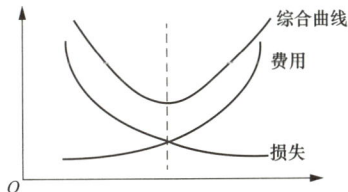

图 8-22 使用目的

TPM 的目标可以概括为四个"零",即停机为零、废品为零、事故为零、速度损失为零。

(3)使用方法如图 8-23 所示。

(4)应作领域。TPM 管理方法主要应用于企业的设备管理领域。

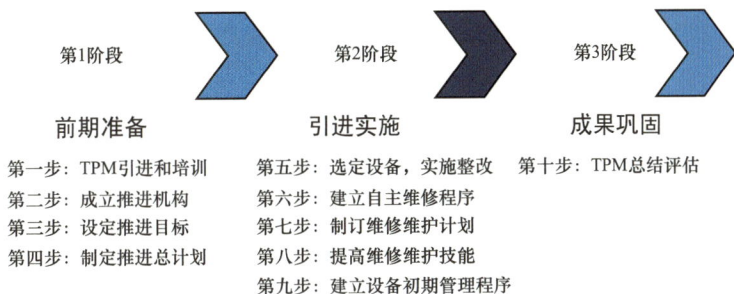

第1阶段 **前期准备**
第一步:TPM引进和培训
第二步:成立推进机构
第三步:设定推进目标
第四步:制定推进总计划

第2阶段 **引进实施**
第五步:选定设备,实施整改
第六步:建立自主维修程序
第七步:制订维修维护计划
第八步:提高维修维护技能
第九步:建立设备初期管理程序

第3阶段 **成果巩固**
第十步:TPM总结评估

图 8-23 使用方法

8.3.7 周期时间缩短(CTR)

(1)工具说明。周期时间缩短,简称 CRT(Cycle Time Reduction),是通过以地现有业务流程的价值流分析,根据消灭 8 大浪费的原则,设计出时间投入更少的流程。中间包括运用 SMED、TPM、IE 等手法,从各个环节改善以达到整体实现准时、及时响应的过程。CRT 通常与流程优化共同使用。

（2）使用目的。去除生产过程中冗余环节，提高流程的运转效率。

（3）使用方法如图 8-24 所示。

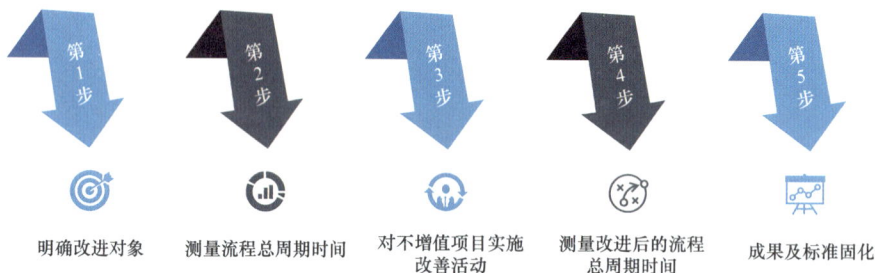

图 8-24　使用方法

（4）应作领域。CTR 工具应用范围广泛，可用在企业各个管理领域的周期时间缩短的浪费改善活动中。

8.3.8　六西格玛分析法（6 Sigma）

（1）工具说明。六西格玛分析法（6 Sigma）是一种管理策略，它是由摩托罗拉提出的。这种策略主要强调制定极高的目标、收放集数据以及分析结果，通过这些来减少产品和服务的缺陷。一个企业要想达到六西格玛标准，那么它的出错率不能超过 0.00034％，如图 8-25 所示。

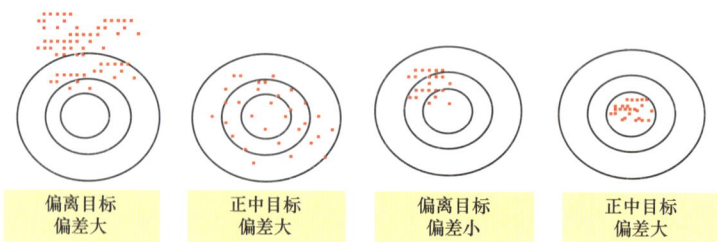

图 8-25　工具说明

六西格玛 DMAIC 是对当前低于六西格玛规格的项目进行定义、度量、分析、改善以及控制的过程。Sigma 含义：西格玛"s"是希腊字母，在统计学上用来表示数据的分散程度，指标准偏差。术语六西格玛指称算为 0.00034％的错误/缺陷率的流程变化（六个标准偏差）尺度。

从打靶看六西格玛管理，做一件工作得到的成果如果像第 4 个图一样，达到目标并且和目标没有偏差，说明工作过程控制有力，结果成效显著。

（2）使用目的。实施六西格玛管理对于发电企业的好处是显而易见的，主要表现在以下几个方面：

1）利用数据分析工具，查找设备运行状态的波动周期、波动原因，提高设备运行稳定性。

2）利用数据分析工具，查找发电负荷稳定性波动的周期、波动原因，提高发电稳定性。

3）利用数据分析工具，寻找影响发电煤耗的主要因素，降低煤耗水平。

（3）使用方法如图 8-26 所示。

某电厂提高发电负荷控制精度

流程	定义（D）	测量（M）	分析（A）	改善（I）	管理（C）
推进内容	1.1确认电网需求 1.2上网负荷精度±2% 1.3以提高发电负荷精度为本次课题目标 2.1每5min的上网负荷测算值作量化考量 3.1成立课题小组 3.2正式启动课题	4.1选定测量对象班次、班组、真空度主蒸汽温度、主蒸汽压力 4.2树立测量计划 4.3测量系统验证 5.1采集数据 5.2工程能力分析 5.3改善方向/目标设定	6.1验证假因子 7.1选定要本原因班组操作差异主蒸汽压力波动真空值变化	8.1选定最佳改进方案 9.1树立实行计划 9.2实行/验证 9.3效果评估，十个月跟踪周期	10.1改善过程形成标准 11.1树立管理计划 12.1编制课题报告书 12.2课题发表 12.3课题内容全员共享

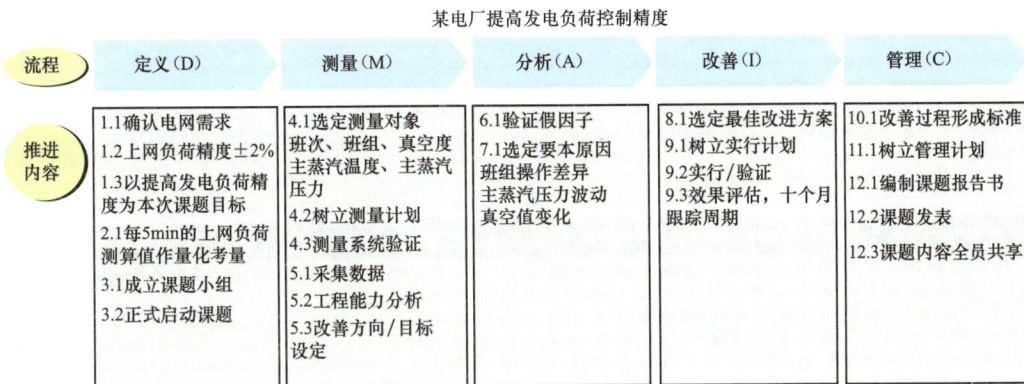

图 8-26　使用方法

（4）应用领域。六西格玛分析法应用范围广泛，可用于发电企业的各个领域。

8.4　标准化工具包

标准化工具包含：危险源辨识及风险评价、标准操作手册、单点课程、最佳实践。

8.4.1　危险源辨识及风险评价（Hazard Identification and Risk Assessment）

（1）工具说明。

1）危险源（Hazard）：可能导致伤害或疾病、财产损失、工作环境破坏或这些情况组合的根源或状态；

2）危险源辨识（Hazard Idewntification）：识别危险源的存在并确定其特性的过程；

3）风险（Risk）：某一特定危险情况发生的可能性和后果（严重性）的组合；

4）风险评价（Risk Assessment）：评估风险大小以及确定风险是否可容许的全过程；

5）危险源辨识及风险评价表是进行企业风险识别与控制的操作指导标准。

（2）使用目的。充分辨识系统的危险源，通过风险评价，评价出重大危险源，针对重大危险源采取有效的控制措施，将重大危险可能引发的事故隐患降至最小。

（3）作用方法。

第一步：辨识危险源。

危险源的辨识一般采用"工序-设备-人员分析法"。企业各车间、部门将其活动划分为具体工序，针对工序的人员活动、设备设施、作业环境和能源资源的输入-输出，分别识别出设备设施的不安全状态、人的不安全行为、工业卫生（作业环境）、社会性事件、相关方等各种类型的危险源。

第二步：风险评价。

作业条件危险性评价法是常用的风险评价方法之一，是用与作业条件风险率有关的三种因素指标值之积来评价人员伤亡风险大小的，这三种因素是：

L——发生事故的可能性大小；

E——人体暴露于危险环境中的频繁程度；

C——一旦发生事故会造成的损失后果。

$D=L\times E\times C$，D 值大，说明该作业条件危险性大，需要增加安全措施，或减小发生事故的可能性，或减少人体暴露环境中的频繁程度，或减轻事故损失，直至调整到允许范围。

D 值	危险程度	D 值	危险程度
>320	极其危险，不能继续作业	20～70	一般危险，需要注意
160～320	高度危险，需立即整改	<20	稍有危险，可以接受
70～160	显著危险，需要整改		

第三步：风险控制。

针对评价出的具有重大风险的危险采取有效的控制措施，确保将重大风险可能引发的事故隐患降至最小。

（4）使用领域。危险源辨识及风险评价只应用企业的安全管理领域。

8.4.2　标准操作手册（SOP）

（1）工具说明。SOP（Standard Operation Procedure），即标准作业程序，就是将某一事件的标准操作步骤和要求以统一的格式描述出来，用来指导和规范日常的工作。

（2）使用目的。

1）将企业积累下来的技术、经验，记录在标准文件中，以免因技术人员的流动而使技术流失。

2）使操作人员经过短期培训，快速掌握较为先进合理的操作技术。

3）根据作业标准，易于追查不良品产生的原因。

（3）使用方法如图 8-27 所示。

（4）应用领域。SOP 应用范围广泛，可用于发电企业的各个领域。

8.4.3　单点课程（OPL）

（1）工具说明。OPL（One Point Lesson）一般称为单点课程，又称点滴教育，是一种在现场进行培训的教育方式。进行 OPL 训练时，员工集中在现场不脱产进行训练。OPL 的培训时间一般为 10min 左右。所以，它还有一个名称——10min 教育。OPL 鼓励员工编写教材并作为辅导员进行培训，所以有一些企业把全员参与 OPL 活动称为"我来讲一课"。

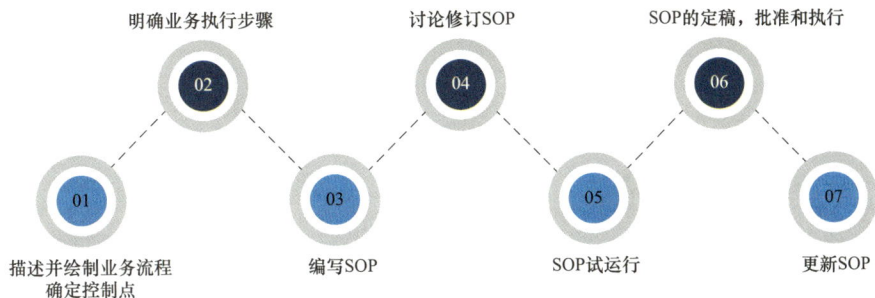

图 8-27　使用方法

（2）使用目的。OPL 是针对班组中某一人的疑问事项，包括技术问题或难点故障等，由能够较好地解决问题、处理故障的人员编写教材（一页到两页的简单教材），召集相关人员进行集中讲解，从而达到住处资源的共享、经验的积累、教育效率的提高。

（3）使用方法如图 8-28 所示。

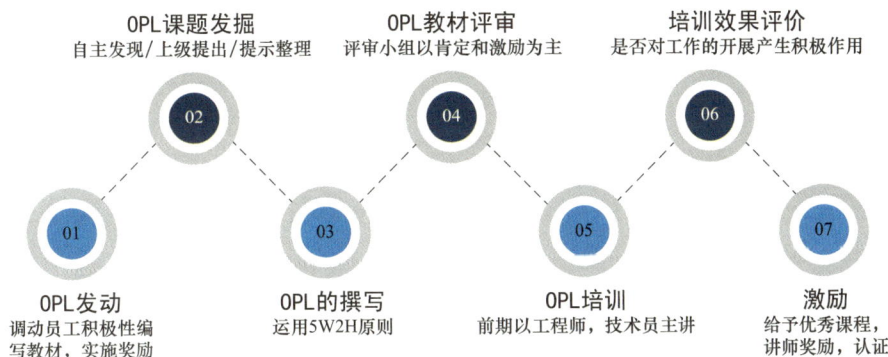

图 8-28　使用方法

（4）应用领域。SOP 应用范围广泛，可应用于发电企业的各个领域。

8.4.4　最佳实践（Best Practise）

（1）工具说明。最佳实践是一个管理学概念，是指那些已经在别处产生显著效果并且能够适用于此处的优秀工作方法、作业流程、管理机制、活动等，它们可以使生产或管理的结果达到最优，并减少出错的可能性。该工具通常与对标管理、大课题管理、SOP、单点课程等工具共同使用。

（2）使用目的。最佳实践的出发点除提高企业经营绩效或解决某一难题之外，同时也在追求"快速""精准"的解决问题，通过该过程，激发企业员工对自身工作价值的挖掘，不断提升，提炼本岗位的最佳工作方式，最优工作标准。

（3）使用方法。最佳实践方法从本质上来说，与单点课程（OPL）类似，同属于知识的传递工具。因此它的具体实施同样遵循知识管理的几个过程，如图 8-29 所示。

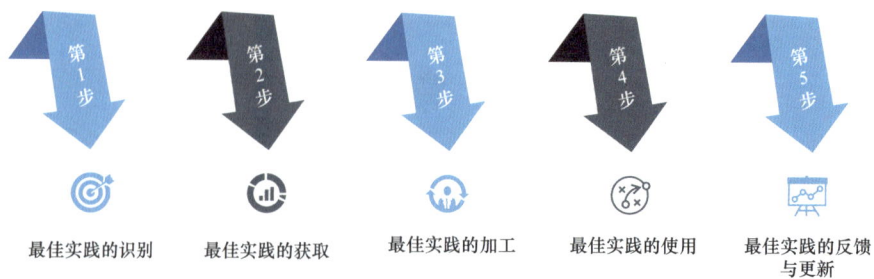

第1步　最佳实践的识别　第2步　最佳实践的获取　第3步　最佳实践的加工　第4步　最佳实践的使用　第5步　最佳实践的反馈与更新

图 8-29　使用方法

（4）应用领域。最佳实践方法应用范围广泛，可用于发电企业的各个领域。

9 评比标准

9.1 7S管理基础评分表（总分：300分）

序号	项目	考评内容	工作要求	分值	评分标准	考评方式	得分
1	工作机制	组织机构	及时成立由企业主要负责人牵头的7S推行组织机构，组织机构职责清晰，并应根据情况及时调整	10分	未成立组织机构扣10分，机构不健全或调整不及时扣5分，职责不清晰扣5分	查看资料	
		培训动员	组织参加集团公司现场培训，组织学习集团及公司7S推行工作的部署、领导讲话等相关文件精神，组织召开7S推行工作启动会，及时组织7S管理推行督导师和全员培训工作	10分	未参加集团公司现场培训的扣5分，未组织相关文件学习的扣5分，未召开启动会的扣5分，未组织7S管理督导师和全员培训工作的扣10分	查看资料 查看记录	
2	实施方案	明确目标	及时开展企业自诊断工作，有结合企业实际的具体项目和验收标准	20分	未开展企业自诊断扣20分；无具体项目扣10分；无验收标准每项扣2分	查看资料 查看记录	
		计划合理	根据目标制订整改方案和详细计划（包括治理区域、具体部位、实施项目、具体措施、治理费用、完成时间、责任分工，建立保障和激励约束体系），计划应分解至月	20分	无整改方案扣20分；无详细计划每缺一小项扣2分；计划未分解至月的扣5分	查看资料 查看记录	
3	过程管理	样板先行	建立数量合理的7S管理样板区，及时组织对样板区进行验收、观摩学习和表彰；及时总结样板区经验	30分	未建立7S管理样板区的扣30分；未及时组织对样板区进行验收和观摩学习的每项扣10分；未及时总结样板区经验的扣10分	查看资料 查看记录	
		制度建立	根据样板区管理经验制定相关7S实施工作标准（包括：生产区域、办公区域、库房、后勤等区域现场标准）和相关制度（包括：《7S推行管理办法》《文明生产管理标准》《物品分类和定置管理办法》《7S管理合理化建议》《清扫管理定期整理循环管理办法》《定期整理整顿清扫循环管理办法》《7S小发明、小革新、小改造、小设计、小建议管理办法》《7S例会管理办法》《7S督导师管理办法》《7S检查评比管理办法》《7S奖惩管理办法》等。）	30分	未及时制定相关7S工作标准和制度的每项扣2分	查看资料	

序号	项目	考评内容	工作要求	分值	评分标准	考评方式	得分
3	过程管理	宣传培训	制定 7S 宣传工作策划方案，明确工作要求和目标；及时建立 7S 宣传看板并进行定期更新；组织开展 7S 大讨论、知识竞赛、7S 活动征文、活动口号及标语征集活动；根据工作推进情况，及时制定人员的培训要求和计划，并进行效果评价	30 分	无 7S 宣传策划方案的扣 20 分；方案中无工作要求和目标的扣 10 分；未建立 7S 宣传看板扣 20 分，未进行定期更新的扣 10 分；未组织开展 7S 相关活动的每项扣 5 分；未根据工作推进情况制定人员的培训要求和计划的扣 10 分；未进行培训效果评价的扣 5 分	查看资料查看记录	
		过程督导	明确 7S 督导师工作职责，使用定点摄影、目视化管理、红牌作战等方法进行有效推行；建立 7S 推行工作例会制度，定期召开工作例会对工作实施计划进行闭环管理；建立实施过程问题上报、处理、反馈机制并有效实施；按集团要求开展与典型企业对比学习，查找差距，制订提升计划和措施	40 分	未明确 7S 督导师工作职责的扣 30 分；未使用定点摄影、目视化管理、红牌作战等方法进行有效推行的每项扣 10 分；未建立 7S 推行工作例会制度的扣 30 分，未定期召开工作例会的每缺一次扣 5 分；未对工作实施计划进行闭环管理的扣 20 分；未建立实施过程问题上报、处理、反馈机制并有效实施的扣 20 分；未开展与典型企业对比学习，查找差距的扣 10 分，未制订提升计划和措施的扣 10 分	查看资料查看记录	
		评比验收	设立 7S 管理实施检查评价机构并按 7S 的实施阶段及时组织检查评比，对过程中涌现的优秀成果和先进进行及时展示和表彰，并按施奖惩管理办法及时兑现；及时组织 7S 管理实施工作的系统验收和企业自评价工作，并及时编写和报送《7S 推行阶段性工作总结》	40 分	未设立 7S 管理实施检查评价机构的扣 30 分；未及时按实施阶段组织检查评比的每次扣 5 分，未对过程中涌现的优秀成果和先进进行及时展示和表彰的每次扣 5 分；未按施奖惩管理办法及时兑现的每次扣 5 分；未及时组织 7S 管理实施系统验收的扣 30 分，未组织企业 7S 实施自评价工作的扣 10 分；未编写和报送《7S 推行阶段性工作总结》的扣 10 分	查看资料查看记录	
4	成果管理	资料汇总	应定期对 7S 推行过程资料进行收集、分类和汇总，按要求及时报送相关资料	10 分	未定期对 7S 推行过程资料进行收集、分类和汇总的扣 10 分，资料不完整的每缺一项扣 1 分；未按要求及时报送相关资料的每缺一次扣 1 分	查看资料查看记录	
		规范利用	应及时提炼各阶段成果并进行分类汇总规范管理；及时运用成果完善各项制度；按要求及时报送相关成果	20 分	未及时提炼成果的扣 10 分，成果未能进行分类汇总管理的扣 5 分；未及时运用成果完善各项制度的扣 10 分；未按要求及时报送相关成果的每缺一次扣 1 分	查看资料查看记录	

序号	项目	考评内容	工作要求	分值	评分标准	考评方式	得分
5	常态化机制	组织管理	应成立常态化管理机构；制定7S常态化管理办法；7S管理工作纳入企业年度预算	20分	未能成立常态化管理机构的扣10分；未制定7S常态化管理办法的扣10分；7S管理工作未纳入企业年度预算的扣10分	查看资料查看记录	
		标准化工作	利用7S管理成果，实现企业定置管理、目视化管理、标识管理、工作要求、评价奖惩工作标准化	20分	未能实现企业定置管理、目视化管理、标识管理、工作要求、评价奖惩工作标准化的每缺一项扣5分	查看资料查看记录	
6	加分项	典型示范	1. 荣获集团公司典型企业的加20分；2. 荣获华电宁夏分公司典型企业的加10分	20分		查文件	
		效果显著	推行效果显著，荣获集团公司表彰的加10分，荣获华电宁夏分公司表彰的加5分	10分		查文件	
		成果推广	企业提炼的成果被集团公司采用推广的加20分，被华电宁夏分公司采用推广的加10分	20分		查文件	
		现场亮点创意	见现场管理评分表				

注 各小项可根据工作实际完成的质量进行酌情扣分，并实行累计扣（加）分，但最多只能扣完（加满）该小项的总分。

9.2 7S现场管理评分表 （总分：700分）

项目	序号	考评内容	不符合时扣分	备注
一	生产区域		1分/处	
生产区域专项	风机区域（含风机、箱式变压器）	设备无积灰、脏污，布线整齐，标识清晰、准确	1分/处	
	二次设备室区域（含400V配电室、蓄电池室）	室内无积灰、脏污，布线整齐，标识清晰、准确	1分/处	
	班组区域（含班组办公室、工器具室、控制室）	地面无积灰、积水，工器具摆放整齐，定置摆放	1分/处	
	升压站区域（含SVG设备室、35kV开关室）	设备无渗漏、脏污，标识清晰、准确	1分/处	
	各配电室	各配电室无积灰、脏污	1分/处	
	检修与消缺	检修与消缺现场应做到"三整齐、三不乱、三不落地"，检修消缺现场随时清理、做到"工完料净场地清"、修后设备见本色、修后设备无装置性违章	1分/处	

项目	序号	考评内容	不符合时扣分	备注
生产区域 通用部分				
	1.1	地面有高差的地方应有明显的防绊提示且标准统一	1分	
	1.2	地面无破损、坑洼	1分	
1. 地面	1.3	可移动物品必须有明确定位，并存放于定位区域内	1分	
	1.4	地面无积水、积灰、油渍	1分	
	1.5	地面无纸张、碎屑及其他杂物	1分	
	2.1	通道划分明确，保持通畅，无障碍物，不占道作业	2分	
2. 通道	2.2	两侧物品不超过通道线	1分	
	2.3	通道线及标识保持清晰完整，无破损	2分	
	2.4	应急通道指示醒目，无堵塞	2分	
	3.1	墙身无破损、脱落	1分	
	3.2	墙面保持干净，无蜘蛛网、结尘	1分	
3. 墙面	3.3	墙面无乱涂、乱画、乱贴	1分	
	3.4	墙面无渗水、脱漆	1分	
	3.5	墙面无手脚印，无陈旧标语痕迹	1分	
	4.1	开关、控制面板标识清晰，控制对象明确	2分	
	4.2	设备仪器保持干净，定位摆放整齐，无多余物	1分	
	4.3	设备仪器明确责任人员，坚持日常巡检，有巡检记录，确保记录清晰、正确	1分	
	4.4	设备、仪器状态良好，非正常状态应有明显标识	1分	
4. 设备、仪器	4.5	仪器仪表检验标识张贴规范，在有效期内	2分	
	4.6	仪表盘干净清晰，有明确的范围标识	1分	
	4.7	设备阀门、介质流向标识明确	1分	
	4.8	危险部位有警示	1分	
	4.9	设备无脏污，无跑冒滴漏现象	1分	
	4.10	需检修的设备有完整、正确的检修标识	1分	
	4.11	旋转设备防护罩齐备，标识明确	1分	
	5.1	各种管线（电线管、气管、水管等）固定得当	2分	
	5.2	管线齐全，不随意散落地面，无悬挂物	1分	
	5.3	管线布局合理，保持清洁，无灰尘、污垢	2分	
5. 管线	5.4	废弃管线及时清除，预留的要进行标识	1分	
	5.5	设备与对应的管线有明确的对应标识、介质流向	2分	
	5.6	电源线、网线、数据线等有明确分类和整理	1分	
	5.7	现场房间内管线尽量利用线槽、扎带、定位贴等采取隐蔽走线方式	1分	
	6.1	定位停放，停放区域划分明确，标识清楚	1分	
6. 特种车辆	6.2	应有部门标识和编号	1分	
	6.3	应保持干净及安全使用性	1分	
	6.4	应有责任人，特种车辆、铲车和电瓶车有日常检查记录	1分	
7. 工具箱、柜	7.1	柜面标识明确，与柜内分类对应	1分	
	7.2	柜内物品分内摆放，明确品名	1分	

续表

项目	序号	考评内容	不符合时扣分	备注
7. 工具箱、柜	7.3	各类工具保持完好、清洁，保证使用性	1分	
	7.4	各类工具使用后及时归位，有形迹化管理	1分	
	7.5	柜顶无杂物，柜身保持清洁	1分	
8. 区域划分	8.1	摆放区域合理，标识清晰	2分	
	8.2	区域线清晰，有明确的区域说明	1分	
9. 暂放物	9.1	不在暂放区的暂放物需有暂放标识或围栏	1分	
	9.2	暂放区的暂放物应摆放整齐、干净	1分	
10. 容器、货架	10.1	容器、货架等应保持干净，物品分类定位摆放整齐	2分	
	10.2	存在标识清楚，张贴于容易识别的地方	1分	
	10.3	容器、货架本身标识明确，无过期及残余标识	1分	
	10.4	容器、货架无破损，无严重变形	1分	
	10.5	放置区域合理划分，使用容器合理	1分	
	10.6	库存物品不落地存放	1分	
	10.7	按规定控制温度、湿度	1分	
11. 危险品	11.1	有明确的摆放区域，分类定位，标识明确	1分	
	11.2	隔离摆放，远离火源，并有专人管理	2分	
	11.3	有明显的警示标识	2分	
12. 工作台	12.1	现场台面无杂物	1分	
	12.2	物品摆放有明确位置，不拥挤凌乱	1分	
	12.3	台面干净，无破损	1分	
	12.4	不得存放个人用品	1分	
	12.5	试验用品要分类分区摆放，固定有序，取用便捷	2分	
13. 洗手间	13.1	地面无积水	1分	
	13.2	各种物品定位摆放，标识明确	1分	
	13.3	洗手间保持卫生、清洁，无异味	1分	
	13.4	有清扫检查表，并准确记录	1分	
	13.5	洗手间有相应的温馨提示	1分	
	13.6	洗手间内照明良好	1分	
	13.7	洗手间内设施完好，无破损、渗漏	1分	
14. 培训室	14.1	各种物品定位摆放，标识明确	1分	
	14.2	有清扫检查表	1分	
15. 清洁用具	15.1	清洁用具用品定位摆放，标识明确	1分	
	15.2	清洁用具摆放规范，无倾倒、杂乱	1分	
	15.3	清洁用具本身无异味，无损坏	1分	
	15.4	垃圾及时倾倒	1分	
16. 电器	16.1	开关、控制面板标识清晰，控制对象明确	1分	
	16.2	设备保持干净，定位摆放整齐，无多余物	1分	
	16.3	设备明确责任人员，坚持日常检查	2分	
	16.4	应保证处于正常使用状态，非正常状态应有明显标识	2分	
	16.5	合理布线，集束整理	1分	
	16.6	配电箱有明确统一的标识标牌	1分	

续表

项目	序号	考评内容	不符合时扣分	备注
17. 消防设施	17.1	摆放位置明显，标识清楚	1分	
	17.2	位置设置合理，有禁止阻塞线，线内无障碍物	1分	
	17.3	状态完好，按要求摆放，外观干净整齐	1分	
	17.4	有责任人及定期检查记录	2分	
	17.5	消防器材有明确的使用说明	1分	
	17.6	紧急出口标识明确，逃生指示醒目	1分	
18. 楼梯	18.1	楼梯台阶无损坏、脱落	1分	
	18.2	楼梯有明显的防踏空提示	2分	
	18.3	楼梯有指示牌和警示提示	2分	
	18.4	楼梯走廊照明充足，无损坏	1分	
	18.5	楼梯如有玻璃护栏，应有明显的防撞提示	2分	
19. 辅助设施	19.1	风扇、照明灯、空调等按照要求放置，清洁无杂物，无安全隐患	1分	
	19.2	日用电器无人时应关掉，无浪费现象	1分	
	19.3	废弃设备及电器应标识状态，及时清理	2分	
	19.4	保持施工完好、干净	1分	
	19.5	暖气片和管道上不得放杂物	1分	
20. 文件、资料	20.1	分类定位放置	1分	
	20.2	按规定标识，明确责任人	2分	
	20.3	夹（盒）内文件定期清理、归档	2分	
	20.4	文件夹（盒）保持干净	1分	
	20.5	无过期、无效文件存放	1分	
	20.6	文件定期归入相应文件夹（盒）	1分	
	20.7	必要文件应有卷内目录	1分	
	20.8	文件盒有明确的编号	1分	
	20.9	文件盒有明确的形迹化管理	2分	
	20.10	文件盒无破损	1分	
	20.11	文件盒本体标签样式统一规范	1分	
21. 宣传栏、看板	21.1	资料、记录内容正确，无错别字	2分	
	21.2	班组应有 7S 管理看板	2分	
	21.3	干净并定期更换管理看板内容,无过期公告,明确责任人	2分	
22. 着装	22.1	按规定要求穿戴工作服，佩戴上岗证，着装整齐、整洁	1分	
	22.2	按规定穿戴好口罩、耳塞、安全帽等防护用品	1分	
	22.3	无穿拖鞋、凉鞋、短裤等进入生产现场情况	1分	
23. 劳保用品	23.1	劳保用品明确定位，整齐摆放，分类标识	1分	
	23.2	定期校验，标签张贴规范，无过期或不合格现象	1分	
	23.3	劳保用品干净整洁，无破损	1分	
24. 行为规范	24.1	工作场所不晾衣物	1分	
	24.2	工作时间不睡觉，不打瞌睡	1分	
	24.3	无聚集闲谈、吃零食和大声喧哗	1分	
	24.4	不看与工作无关的书籍、报纸、杂志	1分	
	24.5	工作场所无吸烟，无串岗、离岗	2分	

续表

项目	序号	考评内容	不符合时扣分	备注
25.加分项		生产区域有明显创新点、小发明、小革新、小改造、小设计,值得区域内推广,每处加1分,最高不超过5分		
小计		累计最高扣分不超过200分	200分	
二	办公区域			
	1.1	地面有高差的地方应有明显的防绊提示且标准统一	2分	
1. 室内地面	1.2	地面无破损、坑洼	1分	
	1.3	地面无积水、积灰、油渍	1分	
	1.4	地面无纸张、碎屑及其他杂物	1分	
	1.5	地面无烟蒂、痰迹	1分	
	2.1	墙身无破损、脱落	1分	
	2.2	墙面保持干净,无蜘蛛网、积尘	1分	
2. 墙面	2.3	墙面无乱涂、乱画、乱贴	1分	
	2.4	墙面无渗水、脱漆	1分	
	2.5	墙面无手脚印,无陈旧标语痕迹	1分	
	3.1	盆栽需适当定位,摆放整齐,有养护知识	1分	
	3.2	盆栽需有责任人	1分	
3. 盆栽	3.3	盆栽周围干净、美观	1分	
	3.4	盆栽叶子保持干净,无枯死	1分	
	3.5	盆栽容器本身干净	1分	
	4.1	办公桌定位摆放,隔断整齐	1分	
	4.2	抽屉应分类标识,公私物品不能混放,标识与物品相符	1分	
	4.3	台面保持干净,无灰尘杂物,无规定以外的物品	1分	
4. 办公桌椅	4.4	员工下班后办公椅归位,台面物品放归原位	2分	
	4.5	与正进行的工作无关的物品应及时放归原位	1分	
	4.6	台面上已处理、正在处理、待处理等工作物品应有明确分类和定置摆放	1分	
	4.7	桌面有玻璃的,下压物尽量减少并摆放整齐	1分	
	4.8	桌面显示器、鼠标垫等应有明确定位	1分	
	5.1	饮水机、空调、电脑、打印机、传真机、碎纸机等保持正常工作状态,有异常时必须作明显标识	1分	
	5.2	办公设施本身保持干净,明确责任人	2分	
5. 办公设施	5.3	办公设备使用有必要的温馨提示,比如空调有明显的环保要求,节约用电等提示	1分	
	5.4	较为复杂的电器设备有简单的操作说明,如投影仪等	1分	
	5.5	办公电话有明确定位,有明确本机号码标注	1分	
	6.1	门窗玻璃保持干净明亮	2分	
	6.2	窗台上无杂物(除盆栽)摆放	1分	
	6.3	门窗、窗帘保持干净	1分	
6. 门窗	6.4	门窗玻璃无乱贴现象	1分	
	6.5	有明显的防撞标识,比如防撞线、轨迹线等	2分	
	6.6	门上有明显的推、拉、开关等标识	1分	
	6.7	房间门栏有明显的防绊提示	1分	

续表

项目	序号	考评内容	不符合时扣分	备注
6. 门窗	6.8	门窗机构完好，无损坏和锈蚀	1分	
	6.9	门禁系统正常，门禁开关有明确提示	1分	
7. 天花板	7.1	保持干净，无脏污	1分	
	7.2	没有无关悬挂物	1分	
	7.3	照明设施完好，灯罩内无积灰和破损	1分	
	7.4	天花板无渗漏	1分	
	7.5	天花板无脱落、掉漆	1分	
	7.6	天花板与墙角无蜘蛛网	1分	
8. 展板、看板	8.1	部门应有相应的7S管理看板	2分	
	8.2	版面设置合理，标题明确	1分	
	8.3	内容充实，及时更新	1分	
	8.4	版面设置美观、大方，无不雅和反动内容	1分	
	8.5	无过期张贴物	2分	
	8.6	张贴物无破损和脱落情况	1分	
9. 文件、资料	9.1	分类定置摆放	1分	
	9.2	按规定标识，明确责任人	1分	
	9.3	夹（盒）内文件定期清理、归档	1分	
	9.4	文件夹（盒）保持干净	1分	
	9.5	无过期、无效文件存放	1分	
	9.6	文件定期归入相应文件夹（盒）	1分	
	9.7	必要文件应有卷内目录	1分	
	9.8	文件盒有明确编号	1分	
	9.9	文件盒有明确的行迹化管理	1分	
	9.10	文件盒无破损	1分	
	9.11	文件盒标识样式统一规范	1分	
10. 文件柜	10.1	文件柜分类、分层标识清楚，明确责任人	2分	
	10.2	文件柜保持干净，柜顶无积尘、杂物	1分	
	10.3	文件柜内文件夹放置整齐，并用编号、形迹等方法定位	1分	
	10.4	文件柜内物品、资料应分区定位，标识明确	1分	
11. 洗手间	11.1	地面无积水	1分	
	11.2	各种物品定位摆放，标识明确	1分	
	11.3	洗手间保持卫生、清洁，无异味	1分	
	11.4	有清扫检查表，并准确记录	2分	
	11.5	洗手间有相应温馨提示	1分	
	11.6	洗手间内照明良好	1分	
	11.7	洗手间内设施完好，无破损、渗漏	1分	
	11.8	洗手间门锁完好	1分	
12. 着装	12.1	按着装规定穿戴服装、佩戴工作牌	1分	
	12.2	工作期间衣着得体，无穿背心、拖鞋等不文明行为	1分	
13. 行为规范	13.1	工作期间不做与工作无关的事项	1分	
	13.2	办公区域不高声喧哗和聚众吵闹	1分	
	13.3	文明办公，无趴、倾等情况，坐姿文雅	1分	

项目	序号	考评内容	不符合时扣分	备注
13. 行为规范	13.4	无随意串岗、离岗现象	1分	
	13.5	无浪费水、电等情况	1分	
	13.6	上班、开会无迟到、早退现象	1分	
	13.7	开会时不交头接耳、打手机，尽量不要接听电话	1分	
	13.8	遵守职业规范及礼仪	1分	
14. 规章制度	14.1	部门有对应的7S常态化管理机制	2分	
	14.2	有相关的企业文明办公规定	2分	
	14.3	企业有7S的检查、评价、考核等制度	1分	
15. 会客室、会议室	15.1	地面保持干净	1分	
	15.2	各种用品保持清洁干净，适当定位标识	1分	
	15.3	会议室内相关设备排放整齐，负责设备有简要操作说明	1分	
	15.4	会议室内有相关会议纪律的温馨提示	1分	
16. 清洁用具	16.1	清洁用具用品定位摆放，标识明确	1分	
	16.2	清洁用具摆放规范，无倾倒、杂乱	1分	
	16.3	清洁用具本身无异味，无损坏	1分	
	16.4	垃圾及时倾倒	1分	
17. 办公区域开关、配电箱	17.1	开关、控制面板标识清晰，控制对象明确	1分	
	17.2	设备保持干净，定位摆放整齐，无多余物	1分	
	17.3	设备明确责任人，坚持日常巡检，有必要的记录	2分	
	17.4	应保证处于正常使用状态，非正常状态应有明显标识	1分	
	17.5	合理布线，集束整理	1分	
	17.6	配电箱有明确统一的标识标牌	1分	
18. 管线	18.1	各种管线（电线管、气管、水管等）固定得当	1分	
	18.2	管线整齐，不随意散落地面，无悬挂物	1分	
	18.3	管线布局合理，保持清洁，无灰尘、污垢	1分	
	18.4	废弃管线及时清除，预留的要进行标识	1分	
	18.5	设备与对应的管线要有明确的对应标识、介质流向	1分	
	18.6	电源线、网线、数据线等应有明确的分类和整理	1分	
	18.7	房间内管线尽量利用线槽、扎带、定位贴等采取隐蔽走线的方式	1分	
19. 工具箱、柜	19.1	柜面标识明确，与柜内分类对应	1分	
	19.2	柜内物品分类摆放，明确品名	1分	
	19.3	各类工具应保持完好、清洁，保证使用性	1分	
	19.4	各类工具使用后及时放归原位，有形迹化管理	1分	
	19.5	柜顶无杂物，柜身保持清洁	1分	
20. 消防设施	20.1	摆放位置明显，标识明确	2分	
	20.2	位置设置合理，有禁止阻塞线，线内无障碍物	1分	
	20.3	状态完好，按要求摆放，外观干净整齐	1分	
	20.4	有责任人及定期检查记录	2分	
	20.5	消防器材有明确的使用说明	1分	
	20.6	紧急出口标识明确，逃生指示醒目	2分	

项目	序号	考评内容	不符合时扣分	备注
21. 定置图	21.1	办公室内必须配置正确对应的定置图	1分	
	21.2	定置图必须及时更新	1分	
	21.3	定置图无破损、脱落	1分	
	21.4	定置图内应有明确的物品、数量、位置说明	1分	
22. 节约环保	22.1	办公室无长明灯	1分	
	22.2	办公室空调有环保温馨提示，对空调温度有环保要求	1分	
	22.3	办公下班时关闭电脑、打印机等电源	1分	
	22.4	办公用纸尽量采用双面打印	1分	
	22.5	办公室提倡无纸化办公	1分	
23. 楼梯、电梯	23.1	楼梯台阶无损坏、脱落	1分	
	23.2	楼梯、电梯有明显的防踏空提示	2分	
	23.3	电梯轿厢有相应的安全应急提示	2分	
	23.4	电梯轿厢内照明充足，无损坏	1分	
	23.5	楼梯有玻璃护栏的，应有明显的防撞提示	1分	
24. 私人物品	24.1	私人物品存放于物品柜或抽屉内时，物品柜、抽屉有明确标识	1分	
	24.2	私人物品摆放不得影响办公区域的使用，并且摆放整齐	1分	
25. 其他辅助设施	25.1	风扇、照明灯、空调等按要求放置，清洁无杂物，无安全隐患	1分	
	25.2	日用电器无人时应关掉，无浪费现象	1分	
	25.3	废弃设备及电器应标识状态，及时清理	1分	
	25.4	暖气片和管道上不得放杂物	1分	
	25.5	遥控器定位摆放	1分	
26. 加分项		办公区域有明显创新点、小发明、小革新、小改造、小设计，值得区域内推广，每处加1分，最高不超过5分		
小计		累计最高扣分不超过105分	105	
三		库房工具间区域		
1. 室内地面	1.1	地面有高差的地方应有明显的防绊提示且标准统一	2分	
	1.2	地面无破损、坑洼	1分	
	1.3	地面无积水、积灰、油渍	1分	
	1.4	地面无纸张、碎屑及其他杂物	1分	
	1.5	地面无烟蒂、痰迹	1分	
2. 墙面	2.1	墙身无破损、脱落	1分	
	2.2	墙面保持干净，无蜘蛛网、积尘	1分	
	2.3	墙面无乱涂、乱画、乱贴	1分	
	2.4	墙面无渗水、脱漆	1分	
	2.5	墙面无手脚印，陈旧标语痕迹	1分	
3. 通道	3.1	通道划分明确，保持通畅，无障碍物，不占道作业	1分	
	3.2	两侧物品不超过通道线	1分	
	3.3	通道线及标识保持清晰完整，无破损	1分	
	3.4	应急通道指示醒目，无堵塞	2分	

续表

项目	序号	考评内容	不符合时扣分	备注
4. 区域划分	4.1	仓库和工具间内有明显的区域划分	1分	
	4.2	区域按设备或工具特点有特定划分，如大件、小件、常用、专用等	1分	
	4.3	区域线清晰可见，有明确的区域说明	1分	
	4.4	物架存在区域应采取分区、分架、分层划分，有相应的区域指示，查找快捷	1分	
	4.5	危险化学物品区域应有特定存放要求	2分	
5. 库房办公设施	5.1	饮水机、空调、电脑、打印机、传真机、碎纸机等保持正常状态，有异常时必须作明显标识	1分	
	5.2	办公设施保持干净，明确责任人	1分	
	5.3	办公设备使用有必要的温馨提示，比如空调有明显的环保、节约用电要求，饮水机有小心烫手等提示	1分	
	5.4	办公电话有明确定位，有明确本机号码标注	1分	
6. 门窗	6.1	门窗玻璃保持干净明亮	1分	
	6.2	窗台上无杂物（除盆栽）摆放	1分	
	6.3	门窗、窗帘保持干净	1分	
	6.4	门窗玻璃无乱贴现象	1分	
	6.5	有明显的防撞标识，比如防撞线、轨迹线等	1分	
	6.6	门上有明显的推、拉、开关等标识	1分	
	6.7	房间门栏有明显的防绊提示	1分	
	6.8	门窗机构完好，无损坏和锈蚀	1分	
	6.9	门禁系统正常，门禁开关有明确提示	1分	
	6.10	库房通风良好	1分	
7. 天花板	7.1	保持干净，无脏污	1分	
	7.2	没有无关悬挂物	1分	
	7.3	照明设施完好，灯罩内无积灰和破损	1分	
	7.4	天花板无渗漏	1分	
	7.5	天花板无脱落、掉漆	1分	
	7.6	天花板与墙角无蜘蛛网	1分	
8. 物资管理	8.1	物资分类摆放整齐	1分	
	8.2	物资摆放定位规范，有明显的空间分区和隔离	1分	
	8.3	物资摆放采取分层、分机构式摆放，比如采取库位-架位-层位货位等方式	1分	
	8.4	标识整齐、准确，无遗漏（名称、规格、单位、数量、用途）	1分	
	8.5	保持物资无积灰	1分	
	8.6	在收、发料后及时调整标识牌的库存数量确保账卡物一致	1分	
	8.7	物资摆放有目视化管理，做到定量管理和提示	1分	
	8.8	物资摆放应充分考虑环境因素，比如大件物品摆放靠近出口和通道外，便于取放	1分	
	8.9	按规定控制环境温度	1分	
	8.10	有正确物资保养制度和方法	1分	

续表

项目	序号	考评内容	不符合时扣分	备注
9. 验收区域	9.1	验收区域整齐、干净	1分	
	9.2	验收区域内有明确的待验、验收中、验收完毕区域划分	1分	
	9.3	验收区域划分区域线完好，无缺失和破损	1分	
10. 开关、配电箱	10.1	开关、控制面板标识清晰，控制对象明确	1分	
	10.2	设备保持干净，定位摆放整齐，无多余物	1分	
	10.3	设备明确责任人员，坚持日常巡检，有必要的记录	1分	
	10.4	应保证处于正常使用状态，非正常状态应有明显标识	1分	
	10.5	合理布线，集束整理	1分	
	10.6	配电箱有明确统一的标识牌	1分	
11. 管线	11.1	各种线管（电线管、气管、水管等）固定得当	1分	
	11.2	管线整齐，不随意散落地面，无悬挂物	1分	
	11.3	管线布局合理，保持清洁，无灰尘、污垢	1分	
	11.4	废弃管线及时清除，预留的要进行标识	1分	
	11.5	设备与对应的管线应有明确的对应标识、介质流向	1分	
	11.6	电源线、网线、数据线等应有明确分类和整理	1分	
	11.7	房间内管线尽量利用线槽、扎带、定位贴等采取隐蔽走线方式	1分	
12. 箱柜	12.1	柜面标识明确，与柜内分类对应	1分	
	12.2	柜内物品分类摆放，明确品名	1分	
	12.3	各类工具应保持完好、清洁，保证使用性	1分	
	12.4	各类工具使用后及时归位，有形迹化管理	1分	
	12.5	柜顶无杂物，柜身保持清洁	1分	
13. 消防设施	13.1	摆放位置明显，标识清楚	1分	
	13.2	位置设置合理，有禁止阻塞线，线内无障碍物	1分	
	13.3	状态完好，按要求摆放，外观干净整齐	1分	
	13.4	有责任人及定期检查记录	2分	
	13.5	消防器材有明确的使用说明	1分	
	13.6	紧急出口标识明确，逃生指示醒目	1分	
14. 库房平面布置图	14.1	仓库、工具间内必须配置正确对应的平面布置图	1分	
	14.2	布置图必须及时更新	1分	
	14.3	布置图无破损、脱落	1分	
	14.4	布置图内应有明确的区域用途说明	1分	
15. 特种车辆	15.1	定位停放，停放区域划分明确，标识清楚	1分	
	15.2	应在部门标识和编号	1分	
	15.3	应保持干净及安全使用性	1分	
	15.4	应有责任人，特种车辆、铲车和电瓶车有日常检查记录	1分	
16. 容器、货架	16.1	容器、货架等应保持干净，物品分类定位摆放整齐	1分	
	16.2	存放标识清楚，张贴于容易识别的地方	1分	
	16.3	容器、货架本身标识明确，无过期及残余标识	1分	
	16.4	容器、货架无破损及变形	1分	
	16.5	放置区域合理划分，使用容器合理	1分	

项目	序号	考评内容	不符合时扣分	备注
17. 危险品	17.1	有明确的摆放区域，分类定位，标识明确	1分	
	17.2	隔离摆放，远离火源，并有专人管理	2分	
	17.3	有明显的警示标识	1分	
	17.4	非使用时应存放于指定区域内	1分	
	17.5	危险容器搬运时应有安全措施和注意事项	1分	
	17.6	有良好通风环境	1分	
	17.7	有明确的应急处置措施规定和提示	1分	
	17.8	有明确的危险品管理制度	1分	
18. 电器	18.1	开关、控制面板标识清晰，控制对象明确	1分	
	18.2	设备保持干净，定位摆放整齐，无多余物	1分	
	18.3	设备明确责任人员，坚持日常检查，有必要的记录	1分	
	18.4	应保证处于正常使用状态，非正常状态应有明显标识	1分	
	18.5	合理布线，集束整理	1分	
	18.6	配电箱有明确统一的标识标牌	1分	
19. 楼梯	19.1	楼梯有明显的防止踏空和小心台阶提示	2分	
	19.2	楼梯有玻璃围栏的，应有明显的防撞提示	1分	
	19.3	楼梯台阶无损坏、脱落	1分	
20. 其他辅助设施	20.1	风扇、照明灯、空调等按要求放置，清洁无杂物，无安全隐患	1分	
	20.2	日用电器无人时应关掉，无浪费现象	1分	
	20.3	门窗及玻璃等各种公共设施干净无杂物	1分	
	20.4	废弃设备及电器应标识状态，及时清理	1分	
	20.5	保持设施完好、干净	1分	
	20.6	暖气片和管道上不得放杂物	1分	
21. 加分项		库房工具间区域有明显创新点、小发明、小革新、小改造、小设计，值得区域内推广，每处加1分，最高不超过5分		
小计		累计最高扣分不超过120分	120	
四		后勤环境区域		
1. 道路	1.1	道路畅通，无障碍物	1分	
	1.2	路面清洁干净整洁，无破损	1分	
	1.3	道路施工时应有安全防范及警示措施	2分	
	1.4	在机动车辆通行的道路有交通标志、标线、减速带等	1分	
	1.5	道路夜间有适当照明	1分	
	1.6	道路排水管、坑盖等做好警示标识和编号管理	2分	
	1.7	道路有必要的栏杆、挡墙等防坠设施和警示提示	1分	
2. 绿化	2.1	厂区路灯、草坪灯设计安放要符合美观、安全要求，保持正常使用	1分	
	2.2	适时修剪绿篱带、树木和草坪，剪后及时清理现场，不得遗留枝叶、碎草和杂物	1分	
	2.3	对枯死和毁坏的花木要随时补栽更新，确保成活	1分	
	2.4	草坪的喷淋设施正常，若损坏及时修理	1分	

续表

项目	序号	考评内容	不符合时扣分	备注
2. 绿化	2.5	草坪及时清扫，不得有生活垃圾或杂物	1分	
	2.6	如有观赏水池，池内要保持清澈，池内无杂物	1分	
	2.7	建立绿化养护责任制	1分	
3. 标识	3.1	厂房及厂区设置的标示牌、标语、旗帜、宣传栏、展牌、路标等美观、整洁	1分	
	3.2	标示牌、标语、旗帜、宣传栏、展牌、路标等符合集团公司视觉识别系统规定	1分	
4. 路灯	4.1	路灯要进行编号管理	1分	
	4.2	路灯合理设置开启时间，避免造成电力浪费	1分	
	4.3	路灯、景观灯若有破损要及时进行修补	1分	
5. 垃圾箱	5.1	垃圾箱要进行编号，分类管理	1分	
	5.2	垃圾箱破损要及时进行修补	1分	
	5.3	垃圾箱内的垃圾要及时进行清理，无异味	1分	
6. 公告栏	6.1	公告栏无破损、脱落	1分	
	6.2	公告栏内容健康，更新及时	1分	
7. 楼道、门厅	7.1	照明设施正常	1分	
	7.2	通风良好，无异味	1分	
	7.3	无乱张贴和随意存放物品	1分	
	7.4	消防设施按规定位置定位，明确责任人，定期检查有相应记录	1分	
	7.5	电源箱保持完好，明确管理责任人	1分	
8. 车辆	8.1	设置机动车和非机动车停放区域，分类定位、标识明确	1分	
	8.2	在定位线内停放车辆，停放整齐、朝向一致	1分	
	8.3	非停车区域没有违章停车	1分	
	8.4	机动车内外保持清洁、完好	1分	
9. 节约、安全	9.1	无长流水，无长明灯	1分	
	9.2	按规定布局安置消防设施，并保持完好，有定期检查记录	2分	
10. 加分项		后勤环境区域有明显创新点、小发明、小革新、小改造、小设计，值得区域内推广，每处加1分，最高不超过5分		
小计		累计最高扣分不超过40分	40	
五	食堂区域			
1. 室内地面	1.1	地面有高差的地方应有明显的防绊提示且标准统一	2分	
	1.2	地面无破损、坑洼	1分	
	1.3	地面无积水、积灰、油渍	1分	
	1.4	地面无纸张、碎屑及其他杂物	1分	
	1.5	地面无烟蒂、痰迹	1分	
2. 墙面	2.1	墙身无破损、脱落	1分	
	2.2	墙面保持干净，无蜘蛛网、积尘	1分	
	2.3	墙面无乱涂、乱画、乱贴	1分	
	2.4	墙面无渗水、脱漆	1分	
	2.5	墙面无手脚印，无陈旧标语痕迹	1分	

项目	序号	考评内容	不符合时扣分	备注
	3.1	盆栽需适当定位，摆放整齐，有相应的养护知识	1分	
	3.2	盆栽需有责任人	1分	
3. 盆栽	3.3	盆栽周围干净、美观	1分	
	3.4	盆栽叶子保持干净，无枯死	1分	
	3.5	盆栽容器本身干净	1分	
	4.1	餐桌定位摆放，隔断整齐	1分	
4. 桌椅	4.2	桌面保持干净，无灰尘杂物，无规定以外的物品	1分	
	4.3	桌面物品按定位摆放（除正在使用外），不拥挤凌乱	1分	
	4.4	人员就餐完后桌椅归位，物品归位	1分	
	5.1	饮水机、消毒柜、餐车等保持正常状态，有异常时必须作明显标识	2分	
5. 公用就餐设施	5.2	保持干净，明确责任人	1分	
	5.3	设施使用有必要的温馨提示，比如空调有明显的环保、节约用电要求，饮水机有小心烫手等提示	1分	
	5.4	就餐设施有明确定位	1分	
	6.1	门窗玻璃保持干净明亮	1分	
	6.2	窗台上无杂物（除盆栽）摆放	1分	
	6.3	门窗、窗帘保持干净	1分	
	6.4	门窗玻璃无乱贴现象	1分	
6. 门窗	6.5	玻璃门有明显的防撞标识，比如防撞线、轨迹线等	1分	
	6.6	门上有明显的推拉、开关等标识	1分	
	6.7	房间门栏有明显的防绊提示	1分	
	6.8	门窗机构完好，无损坏和锈蚀	1分	
	6.9	门禁系统正常，门禁开关有明确提示	1分	
	7.1	保持干净，无脏污	1分	
	7.2	没有无关悬挂物	1分	
7. 天花板	7.3	照明设施完好，灯罩内无积灰和破损	1分	
	7.4	天花板无渗漏	1分	
	7.5	天花板无脱落、掉漆	1分	
	7.6	天花板与墙角无蜘蛛网	1分	
	8.1	墙面应有相应的温馨提示和服务看板	1分	
	8.2	做好版面设置，标题明确	1分	
8. 看板	8.3	内容充实，及时更新	1分	
	8.4	版面设置美观、大方，无不雅和反动内容	1分	
	8.5	张贴物无破损和脱落情况	1分	
	9.1	包房及卫生间空气清新，无异味	1分	
9. 环境	9.2	无苍蝇、蚊虫等	1分	
	9.3	公共环境无垃圾残余	1分	
	10.1	地面无积水	1分	
	10.2	各种物品定位摆放，标识明确	1分	
10. 洗手间	10.3	洗手间保持卫生、清洁，无异味	1分	
	10.4	有清扫检查表，并准确记录	1分	

项目	序号	考评内容	不符合时扣分	备注
10. 洗手间	10.5	洗手间有相应的温馨提示	1分	
	10.6	洗手间内照明良好	1分	
	10.7	洗手间内设施完好，无破损、渗漏	1分	
	10.8	洗手间门锁完好	1分	
11. 餐具	11.1	分类摆放，干净卫生	2分	
	11.2	餐具完好，无破损、折断	2分	
	11.3	餐具摆放整齐，有消毒程序	2分	
12. 行为规范	12.1	就餐期间不高声喧哗	1分	
	12.2	文明就餐，无趴、斜等情况，坐姿文雅	1分	
	12.3	无浪费食物现象	1分	
13. 食材	13.1	熟食和生食分类区分，定位摆放	2分	
	13.2	没有变质和超过保质期的食品	2分	
14. 清洁用具	14.1	清洁用具用品定位摆放，标识明确	2分	
	14.2	清洁用具摆放规范，无倾倒、杂乱	2分	
	14.3	清洁用具本身无异味、无损坏	1分	
	14.4	垃圾及时倾倒	1分	
15. 开关、配电箱	15.1	开关、控制面板标识清晰，控制对象明确	1分	
	15.2	设备保持干净，定位摆放整齐，无多余物	1分	
	15.3	设备明确责任人员，坚持日常巡检，有必要的记录	1分	
	15.4	应保证处于正常使用状态，非正常状态应有明显标识	1分	
	15.5	合理布线，集束整理	1分	
	15.6	配电箱有明确统一的标识牌	1分	
16. 管线	16.1	各种管线（电线管、气管、水管等）固定得当	1分	
	16.2	管线整齐，不随意散落地面，无悬挂物	1分	
	16.3	管线布局合理，保持清洁，无灰尘、污垢	1分	
	16.4	废弃管线及时清除，预留要进行标识	1分	
	16.5	设备与对应的管线应有明确的对应标识	1分	
	16.6	电源线、网线、数据线等应明确分类和整理	1分	
	16.7	房间内管线尽量利用线槽、扎带、定位贴等采取隐蔽走线的方式	1分	
17. 刀具、菜板	17.1	标识明确，分类对应	1分	
	17.2	刀具、菜板分类摆放，明确品名	1分	
	17.3	有合理的摆放方式	1分	
	17.4	各类刀具、菜板应保持完好、清洁、保证使用性	2分	
	17.5	各类刀具、菜板使用后及时归位	1分	
	17.6	刀具、菜板应按使用用途区分并标识，比如生熟分类	2分	
18. 消防设施	18.1	摆放位置明显，标识清楚	1分	
	18.2	位置设置合理，有禁止阻塞线，线内无障碍物	1分	
	18.3	状态完好，按要求摆放，外观干净整齐	1分	
	18.4	有责任人及定期检查记录	2分	
	18.5	消防器材有明确的使用说明	1分	
	18.6	紧急出口标识明确，逃生指示醒目	2分	

续表

项目	序号	考评内容	不符合时扣分	备注
19. 区域指示	19.1	食堂内配置正确对应的区域指示	1分	
	19.2	区域指示必须及时更新	1分	
	19.3	区域指示无破损、脱落	1分	
	19.4	区域指示内应有明确的物品、数量、位置说明	1分	
20. 节约环保	20.1	无长流水情况	1分	
	20.2	空调有环保温馨提示，对空调温度有环保要求	1分	
	20.3	下班时关闭电源	1分	
21. 楼梯	21.1	楼梯有明显的防止踏空和小心台阶提示	2分	
	21.2	楼梯采用玻璃围栏的应有明显的防撞提示	2分	
	21.3	楼梯台阶无损坏、脱落	1分	
22. 其他辅助设施	22.1	风扇、照明灯、空调等按照要求放置，清洁无杂物，无安全隐患	1分	
	22.2	日用电器无人时应关掉，无浪费现象	1分	
	22.3	门窗及玻璃等各种公共设施干净无杂物	1分	
	22.4	废弃设备及电器应标识状态，及时清理	1分	
	22.5	保持设施完好、干净	1分	
	22.6	暖气片和管道上不得放杂物	1分	
23. 加分项		食堂区域有明显创新点、小发明、小革新、小改造、小设计，值得区域内推广，每处加1分，最高不超过5分		
小计		累计最高扣分不超过120分	120	
六	接待中心区域	备注：无接待中心的企业，该项得分按区域平均分计算		
1. 室内地面	1.1	地面有高差的地方应有明显的防绊提示且标准统一	2分	
	1.2	地面无破损、坑洼	1分	
	1.3	地面无积水、积灰、油渍	1分	
	1.4	地面无纸张、碎屑及其他杂物	1分	
	1.5	地面无烟蒂、痰迹	1分	
2. 墙面	2.1	墙身无破损、脱落	1分	
	2.2	墙面保持干净，无蜘蛛网、积尘	1分	
	2.3	墙面无乱涂、乱画、乱贴	1分	
	2.4	墙面无渗水、脱漆	1分	
	2.5	墙面无手脚印，无陈旧标语痕迹	1分	
3. 盆栽	3.1	盆栽需适当定位，摆放整齐，有相应的养护知识	1分	
	3.2	盆栽需有责任人	1分	
	3.3	盆栽周围干净、美观	1分	
	3.4	盆栽叶子保持干净，无枯死	2分	
	3.5	盆栽容器本身干净	1分	
4. 桌椅	4.1	桌椅摆放整齐	1分	
	4.2	桌椅干净，无灰尘杂物	1分	
	4.3	桌面物品按定位摆放（除正在使用外），不拥挤凌乱	1分	
	4.4	服务台台面干净整洁，物品摆放无倾倒，胡乱堆砌情况	1分	

项目	序号	考评内容	不符合时扣分	备注
5. 公用服务设施	5.1	饮水机、空调等保持正常状态，有异常时必须作明显标识	1分	
	5.2	保持干净，明确责任人	1分	
	5.3	使用有必要的温馨提示，比如空调有明显的环保、节约用电要求，饮水机有小心烫手等提示	2分	
	5.4	较为复杂的电器设备有简单的操作说明	1分	
	5.5	电话有明确定位，有明确本机号码标注	1分	
6. 门窗	6.1	门窗玻璃保持干净明亮	1分	
	6.2	窗台上无杂物（除盆栽）摆放	1分	
	6.3	门窗、窗帘保持干净	1分	
	6.4	门窗玻璃无乱贴现象	1分	
	6.5	玻璃门有明显的防撞标识，比如防撞线、轨迹线等	1分	
	6.6	门上有明显的推拉、开关等标识	1分	
	6.7	房间门栏有明显的防绊提示	1分	
	6.8	门窗机构完好，无损坏和锈蚀	1分	
	6.9	门禁系统正常，门禁开关有明确提示	2分	
7. 天花板	7.1	保持干净，无脏污	2分	
	7.2	没有无关悬挂物	1分	
	7.3	照明设施完好，灯罩内无积灰和破损	1分	
	7.4	天花板无渗漏	1分	
	7.5	天花板无脱落、掉漆	1分	
	7.6	天花板与墙角无蜘蛛网	1分	
8. 展板、看板	8.1	主要通道墙面应有相应的企业展示看板	1分	
	8.2	做好版面设置，标题明确	1分	
	8.3	内容充实，及时更新	1分	
	8.4	张贴物无破损和脱落情况	1分	
9. 区域标识	9.1	有明确的楼层指示和区域分布指示	2分	
	9.2	有明确的路向指示	1分	
	9.3	逃生和应急通道指示明确	2分	
10. 洗手间	10.1	地面无积水	1分	
	10.2	各种物品定位摆放，标识明确	1分	
	10.3	洗手间保持卫生、清洁，无异味	1分	
	10.4	有清扫检查表，并准确记录	1分	
	10.5	洗手间有相应的温馨提示	1分	
	10.6	洗手间内照明良好	1分	
	10.7	洗手间内设施完好，无破损、渗漏	1分	
	10.8	洗手间门锁完好	1分	
11. 着装	11.1	按着装规定穿着服装	1分	
	11.2	工作期间衣着得体，无穿背心、拖鞋等不文明行为	1分	
	11.3	接待人员按照相关规定统一着装、佩戴上岗证	1分	
12. 接待行为规范	12.1	工作期间不做与工作无关的事项	1分	
	12.2	不高声喧哗和聚众吵闹	1分	

续表

项目	序号	考评内容	不符合时扣分	备注
12. 接待行为规范	12.3	文明服务，无趴、斜等情况，坐姿文雅	1分	
	12.4	不做与工作无关的事项（看报刊、小说等）	1分	
	12.5	无随意串岗、离岗现象	1分	
	12.6	无浪费水、电等情况	1分	
	12.7	上班、开会无迟到、早退现象	1分	
	12.8	遵守职业规范及礼仪	1分	
13. 会客室、会议室	13.1	地面保持干净	1分	
	13.2	各种用品保持清洁干净，适当定位标识	1分	
	13.3	会议室内相关设备有简要操作说明	1分	
	13.4	会议室内有相关会议纪律的温馨提示	1分	
14. 清洁用具	14.1	清洁用具用品定位摆放，标识明确	1分	
	14.2	清洁用具摆放规范，无倾倒、杂乱	1分	
	14.3	清洁用具本身无异味，无损坏	1分	
	14.4	垃圾及时倾倒	1分	
15. 开关、配电箱	15.1	开关、控制面板标识清晰，控制对象明确	1分	
	15.2	设备保持干净，定位摆放整齐，无多余物	1分	
	15.3	设备明确责任人员，坚持日常巡检，有必要的记录	1分	
	15.4	应保证处于正常使用状态，非正常状态应有明显标识	1分	
	15.5	合理布线，集束整理	1分	
	15.6	配电箱有明确统一的标识牌	1分	
16. 管线	16.1	各种管线（电线管、气管、水管等）固定得当	1分	
	16.2	管线整齐，不随意散落地面，无悬挂物	1分	
	16.3	管线布局合理，保持清洁，无灰尘、污垢	1分	
	16.4	废弃管线及时清除，预留要进行标识	1分	
	16.5	设备与对应的管线应有明确的对应标识	1分	
	16.6	电源线、网线、数据线等应明确分类和整理	1分	
	16.7	房间内管线尽量利用线槽、扎带、定位贴等采取隐蔽走线的方式	1分	
17. 消防设施	17.1	摆放位置明显，标识清楚	2分	
	17.2	位置设置合理，有禁止阻塞线，线内无障碍物	2分	
	17.3	状态完好，按要求摆放，外观干净整齐	1分	
	17.4	有责任人及定期检查记录	2分	
	17.5	消防器材有明确的使用说明	1分	
	17.6	紧急出口标识明确，逃生指示醒目	2分	
18. 楼梯、电梯	18.1	楼梯台阶无损坏、脱落	1分	
	18.2	楼梯、电梯有明显的防踏空提示	2分	
	18.3	电梯轿厢有相应的安全应急提示	2分	
	18.4	电梯轿厢内照明充足，无损坏	1分	
	18.5	楼梯有玻璃护栏的，应有明显的防撞提示	1分	
19. 其他辅助设施	19.1	风扇、照明灯、空调等按照要求放置，清洁无杂物，无安全隐患	2分	
	19.2	日用电器无人时应关掉，无浪费现象	1分	

续表

项目	序号	考评内容	不符合时扣分	备注
19. 其他辅助设施	19.3	门窗及玻璃等各种公共设施干净无杂物	1分	
	19.4	废弃设备及电器应标识状态，及时清理	1分	
	19.5	保持设施完好、干净	1分	
	19.6	暖气片和管道上不得放杂物	2分	
20. 加分项		接待中心区域有明显创新点、小发明、小革新、小改造、小设计，值得区域内推广，每处加1分，最高不超过5分		
小计		累计最高扣分不超过115分	115	
总计			700	